AF452469

# L'ESPRIT FOLLET,

## OU

## LA DAME INVISIBLE.

### COMÉDIE,

*EN CINQ ACTES, MISE EN VERS LIBRES,*

Par M. COLLÉ, Lecteur de S. A. S. Monseigneur le Duc d'Orléans, premier Prince du Sang.

---

*Prix, 30 sols.*

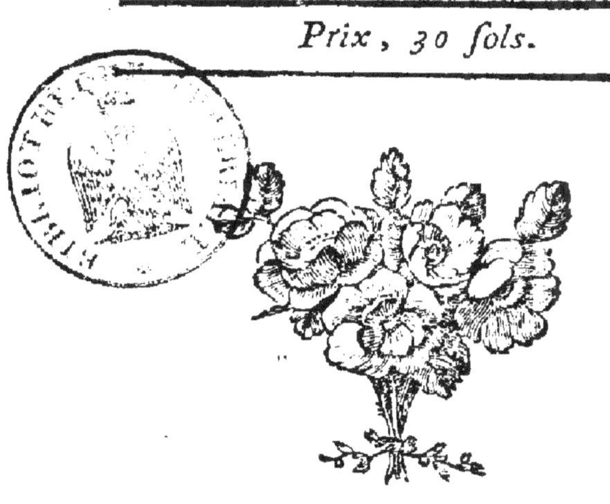

## A PARIS,

Chez P. Fr. GUEFFIER, au bas de la rue de la Harpe, à la Liberté.

---

## M. DCC. LXX.

*Avec Approbation, & Permission.*

# AVERTISSEMENT.

L'ORIGINAL de cette Comédie eſt Eſpagnol. Dom Pédro Calderon l'a compoſé ſous le titre *de la Cloiſon.* * Elle a paſſé, comme l'on ſçait, aux Italiens, ſous celui d'*Arlequin perſécuté par la Dame inviſible.* Les Auteurs François ont donné toute la vraiſemblance poſſible à la fable incroïable de l'Auteur Eſpagnol.

Le Sieur Douville a été le premier qui ait arrangé ce ſujet, pour le Théâtre François ; il en fit une Comédie, en cinq Actes, & en Vers, qui fut repréſentée en 1641, ſous le titre *de l'Eſprit Follet.*

En 1684, le Sieur d'Hauteroche, Comédien, refit preſqu'entiérement cette Piéce, & la donna ſous le nom *de l'Inviſible.*

En 1770, je la refonds auſſi preſqu'en entier ; en conſervant le Plan d'Hauteroche, dont la combinaiſon m'a parû aſſez réguliérement faite ; je la raproche, autant qu'il

* L'on peut lire cette Comédie *de la Cloiſon,* dans la traduction du Théâtre Eſpagnol, qui vient de paraître, cette année, en 4 Volumes, chez Dehanſy le jeune, Libraire, rue S. Jacques.

eſt poſſible, de nos uſages, de nos modes, de notre langage, actuels, &c. &c.

Il feroit à déſirer que, dans cinquante ou ſoixan e ans, quelqu'Ecrivain Dramatique, s'amuſât encore à retoucher mon Ouvrage, qui aura vieilli ; & qu'il le rajeunît, mieux que je n'ai fait celui d'Hauteroche.

En rafraîchiſſant ainſi, d'âge en âge, des Comédies, dont les Plans ou les caractères ſont excellens, ce feroit un moïen ſûr, & infaillible, ( en ſupoſant une meilleure plume que la mienne, ) de perpétuer la gloire du Théâtre François, qui eſt le modèle de ceux de l'Europe entiere. On ne laiſſeroit pas perdre des chef-d'œuvres dramatiques, que la vétuſté de leur ſtyle, le changement des manieres, des événemens, des mœurs, & mille autres viciſſitudes feront peut-être oublier, malgré le mérite ineſtimable de leurs fonds.

Je crains bien, cependant, de donner un exemple qui fera peu ſuivi : je fais préſent des Piéces, que je retouche, à Mrs. les Comédiens, ſi, toutesfois, c'eſt un préſent que je leurs fais ; & s'il mérite ce nom, retirerai-je quelque gloire de mon travail ?

C'eſt, ce dont, à bon droit, tout Lecteur peut douter !

J'en doute moi-même tout le premier.

Quel eſt donc mon but, me dira-t-on ? Je l'ai déjà déclaré : c'eſt le beſoin de m'occuper, & de m'amuſer, encor d'un art que j'ai plus aimé, que je ne l'ai connu, pour l'avoir cultivé trop tard. C'eſt le deſir ſincére de faire valoir de bons Ouvrages *anciens*, n'étant plus, par mon âge, en état d'en créer & d'en compoſer *de nouveaux*, qui fuſſent *neufs*.

# PERSONNAGES.

PONTIGNAN, *jeune Officier, amoureux d'Angélique.*

ALCIDOR, *Officier retiré, & Frere d'Angélique.*

ANGÉLIQUE, *amoureuse de Pontignan.*

LÉONOR, *amoureuse de Saint Alban.*

LISETTE, *suivante d'Angélique.*

SCAPIN, *Valet de Pontignan.*

LA FORET, *Intriguant, déguisé en Bijoutier Anglois.*

LARAMÉE, *Valet-de-Chambre d'Alcidor.*

CASCARET, *Laquais d'Alcidor.*

La Scène est à Paris.

# L'ESPRIT FOLLET,

*O U*

# LA DAME INVISIBLE.

*COMÉDIE,*

En cinq Actes, mise en Vers libres.

## ACTE I.

*Ce premier Acte se passe à la Place Roïale.*

## SCENE PREMIERE.

PONTIGNAN, *en frak élégant ; & marchant à grands pas.*

SCAPIN, *courant tout essouflé après lui.*

PONTIGNAN *s'arrêtant.*

Scapin ! pour la premiere fois,
Qu'en habit du matin, je cours la Capitale,
Par toi, je me fais suivre exprès, dans vingt en-
droits ;
Je m'arrête aux beautés, que cette Ville étale ;

Et, .... d'intervalle en intervalle ,
J'efpérois ,...., que je jouirois
De ta furprife , fans égale ,
A chaque objet que tu verrois ;...
Eh ! tu ne me dis mot ? — Quel filence fournois !

SCAPIN *marquant fa laffitude ; & d'un air d'hu-*
*meur.*

Eh ! nous voilà , Monfieur ?

PONTIGNAN.

Dans la Place Roïale !—
*d'un air impatient.*

Admire donc !

SCAPIN , *en regardant les bâtimens.*

Ah ! Monfieur , les beaux toîts !
Qu'ils font majeftueux ! — Que d'ardoife , & de
bois ,
Ces gens riches ont mis à cette couverture !
Eh ! que de goût dans fa ftruêture !

PONTIGNAN *légérement , & gaiement.*

Mais , imbécile créature ,
Que dis-tu de Paris ?

SCAPIN *donnant encore des fignes d'un homme*
*harraffé.*

Je dis :... qu'il eft bien grand !
Que fa dimenfion m'eflouffle ;... & me furprend ;
Que fon pavé me laffe ;... & , que Paris me fem-
ble ,
Quand , d'un quartier à l'autre l'on fe rend,
Auffi vafte à lui feul, que vingt Villes enfemble.—
Venant ici , du Fauxbourg Saint-Germain,
Près du Pont Roïal ,... quel chemin !
J'ai cru n'arriver que demain !
Nous avons mis plus d'un heure d'horloge !

PONTIGNAN *légérement.*

Eh ! n'as-tu pas bien emploïé ton temps ?
Quand l'on n'a, comme toi, jamais vu que Limoge,
L'on devroit ,..... de Paris faire un  peu  plus l'é-
loge.

SCAPIN.

Paris eft merveilleux ! — Mais , fes fins habitans,
(A moi, qui fuis fans rufe , & fans fineffe , )
Ne me conviendront de long-temps.
Avant que d'être fait à tous leurs tours d'adreffe ,
Je crains d'en être dupe, un peu plus qu'il ne faut.

PONTIGNAN.

Mais, au contraire ! le défaut ,
Qu'au bon Parifien l'on reproche fans ceffe ,
C'eft celui d'être dupe. — On l'appelle *Badaut.*

SCAPIN.

Eh ! la Dame voilée ....

PONTIGNAN.

Eh bien ?

SCAPIN.

Celle qui rôde
Ici, fans ceffe , autour du Maître , & du Valet ;
Votre Dame invifible , eft-elle une badaude ?

PONTIGNAN *avec tranfport.*

Ah ! Scapin , que d'efprit !

SCAPIN *reprenant vivement.*

C'eft un efprit follet !
Un Lutin, un Démon ! c'eft un vrai Farfadet !...
Ou , tout au moins, elle a commerce avec le
diable.

Cela paroît indubitable !
Car ,... fans cela, d'où peut-elle fçavoir
Ce qu'on dit ; ce qu'on fait ;... ce qu'elle n'a pû
voir ?

Comment ſe rencontrer , le matin , & le ſoir ,
Par-tout où nous allons ; nous y venir ſurprendre ?
PONTIGNAN *lentement ; & d'un air de rêverie.*
        J'ai quelque peine à le comprendre ;...
        A moins , que ce Marchand Anglais ,
Qui loge & mange à notre Hôtel de Flandre ;...
Auquel ſouvent je parle ;... & , qui part pour
    Calais ,
Ne ſoit ſon eſpion....
        SCAPIN *l'interrompant.*
            Lui ?... que l'on le ſoupçone ?
        Bon !— ce gros Marchand de bijoux
Cherche à vendre bien cher ſes drogues , cet au-
    tomne. —
Et d'ailleurs , revenu de Limoge avec nous ,
Peut-il ſçavoir , qu'ici votre pere vous donne
        A Léonore , pour époux ? —
        C'eſt un ſecret , qui n'eſt ſçu de perſonne ,
        Que de moi , Monſieur , & de vous.—
La Dame , cependant , que le diable protége ,
Sçait ce ſecret !
        PONTIGNAN *rêvant ; & très-lentement.*
        D'accord !... & cela me ſurprend.
        SCAPIN *reprenant très-vivement.*
Deviner les ſecrets , eſt-ce un art qui s'apprend ?
        Il entre , là , du ſortilége !
        PONTIGNAN *hauſſant les épaules.*
La bête !
        SCAPIN  *d'un ton de reproche ,  & d'un air*
                                    *grondeur.*

        Oh ! oui la bête ? — Eh bien ! vous le dirai-je?
        Ce n'eſt point là comme l'on ſe conduit ;
        Craignez de donner dans un piége !—

Vous venez à Paris, où nous entrons de nuit ;
  Une façon d'avanturiere,
  Riche ,... ( c'eſt elle qui le dit : )
  Dès le lendemain , vous pourſuit,
Et ſa tendreſſe prompte , autant que ſinguliere ,
  Vous offre ſa fortune entiere ;
Sous la condition de rompre votre hymen ,
  De ne point voir Léonor , ni ſon pere ;...
  Et vous , Monſieur , ſans examen ,
Pour cette eſpéce là...

PONTIGNAN *l'interrompant avec colère.*
  Que le ciel te confonde ,
Coquin ! — C'eſt une femme honnête !... un ton
 du monde !...
  C'eſt une femme , comme il faut !
  Oh ! cela ſe connoît bientôt,
Au maintien, aux propos, à l'air de retenue !...
  Mais , voyez un peu ce maraut ! —
 *avec l'emportement de la paſſion.*
Tendre ! pleine d'eſprit , & pourtant ingénue ,
  Je l'adore , cette inconnue ,
Que me voit tous les jours , ſans l'avoir preſque
 vue ;
 *en riant.*
Je dis preſque ....

SCAPIN.
 Eh ! pourquoi ?
  PONTIGNAN *gaiement.*
  Mais , c'eſt qu'hier , le vent
En agitant ſon voile ;... à moitié le levant ,
  M'en fit voir aſſez dans la rue... —
 *avec une vivacité très-impétueuſe.*
Blancheur !... éclat !... fraîcheur !... la fleur de la
 ſanté !

Oh ! ce doit être une beauté !
J'en fus... Oh ! j'en fus tranfporté !
###### SCAPIN.
Et, vous l'êtes encor ! — *d'un air railleur.* c'eft
donc beauté célefte ? —
Voilà comme en amour, un Novice fe prend !
*d'un ton férieux ; & vivement.*
Moi, vieux routier, je fuis plus pénétrant !
C'eft envain, qu'avec vous, elle fait la modefte ,
Si le refte étoit beau, vous eufliez vu le refte !
Elle eft laide ! gageons !
###### PONTIGNAN *avec colère.*
Tais-toi ! — Je dois la voir, *(avec paſſion.)*
Je fuis fûr de la trouver belle !
L'on doit bientôt me conduire chez elle.
###### SCAPIN.
Eh ! quand, Monfieur ?
###### PONTIGNAN.
Peut-être, dès ce foir.
###### SCAPIN.
C'eft un Démon : craignez d'entrer dans fon
manoir !
Quoi ! Vous irez ?
###### PONTIGNAN.
Sans doute !
###### SCAPIN *foupirant.*
Hélas !
###### PONTIGNAN *le regardant en pitié.*
Pauvre cervelle !
###### SCAPIN.
Si ce n'eft pas le diable, & fa féquelle ,
Du moins, défiez-vous des Dames de Paris !
A Limoge, ils m'ont dit qu'elles étoient à crain-
dre.

Les plus fins souvent y sont pris ;
Et toujours, au lieu de les plaindre,
L'on s'en mocque....

PONTIGNAN *l'interrompant.*
Ah finis !

SCAPIN.
Soit ! — Mais je suis surpris
Que cette adorable inconnue,
Qui, depuis quinze jours, nous suit où nous al-
lons,
Nous laisse respirer ; & ne soit pas venue . . .
Mais, je la vois ; elle est toujours sur nos talons.

# SCENE II.

PONTIGNAN, SCAPIN, ANGÉLIQUE, *au
fond du Théâtre.*
LISETTE *s'avançant. Elles font toutes deux
voilées.*

SCAPIN *continuant de parler à son Maître.*

Elles nous écoutoient ! (*à part.*) j'enrage !
LISETTE *à Pontignan.*
Monfieur, tournez ici les yeux,
Vous devinerez mon meffage ! *Elle
lui montre fa Maîtreffe, qui eft à dix pas.*
PONTIGNAN *impétueufement.*
Je la vois !...— J'obéis, fans tarder davantage,
A ce meffage gracieux ! *Il court à An-
gélique, caufe, & fe promene
avec elle près la ferme du Théâtre.*

LISETTE *à Scapin, lentement; & d'un ton railleur.*

Monfieur Scapin a l'air bien foucieux !
Auroit-il du chagrin !

SCAPIN *avec un peu d'humeur.*

Peut-être ! —
Dis-moi : puis-je être fort gaillard,
Lorfque je vois mon pauvre Maître,
Simple, de bonne foi, fans malice & fans art,
Faire l'amour à ton *Colin-Maillard* ?

LISETTE *montrant fa Maîtreffe, qui eft au fond.*

Tu voudrois donc qu'elle fe fît connaître?—
Pas encor, Monfieur ! pas encor !
Il faut qu'avant, ton Maître rompe,
Sans retour, avec Léonor.

SCAPIN.

Mais fi ta Maîtreffe le trompe?...

LISETTE *l'interrompant, avec colère.*

Des foupçons ?... — Crains, maraut, d'attirer
mon courroux?

SCAPIN *avec humeur.*

S'il fuivoit les avis d'un ferviteur fidéle,
Elle fe montreroit!... Ou, plus de rendez-vous !

LISETTE *légérement, & gaiement.*

Bon ! des rendez-vous ? bagatelle !
En avons-nous befoin ?

SCAPIN *d'un air trifte.*

Vous les prenez fans nous,
D'accord !

LISETTE *d'un ton impofant.*

Notre puiffance eft telle,
Qu'un efprit familier, fur-le-champ, nous révéle
Ce qu'on fait de caché ; ce que l'on dit tout bas!—

Ton Maître ne peut faire un pas
Que nous ne le sçachions, en quelqu'endroit qu'il
  aille.

   SCAPIN *toujours avec humeur.*
   Qu'il aille ?.. Eh ! s'il ne fortoit pas ?

   LISETTE *d'un ton d'affurance.*
Oh ! pour lors, il n'eft point de porte & de mu-
  raille,
  Que notre efprit ne perce, dans ce cas !

   S C A P I N.
Vous avez un efprit *perce-porte* ?

  LISETTE *avec un ton encore plus affirmatif.*

      Sans doute ! —
Il n'eft pas queftion ici de badiner :
Je me rends invifible ; & par fois, je t'écoute ;
Avec ton Maître feul, je t'entends raifonner.
Tu parles contre nous ; & veux nous chagriner. —
  Hier encor, en perçant votre voûte,
J'ouis les beaux confeils, que tu fçus lui donner ! —

  *d'un ton menaçant ; & très-vivement.*

De fon amour pour nous, s'il faut qu'il fe dé-
  goûte,
Je ne me prends qu'à toi ; . . . j'irai te lutiner !
  La nuit, quand on ne verra goutte,
  Dans ton lit, tu te fentiras
  Pincer le nez ; tordre les bras ;
Et deux de mes lutins, qu'aux enfers l'on redoute,
  T'enléveront hors de tes draps ;
Et puis, te laifferont retomber . . . Patatras !

   SCAPIN *tout tremblant.*
  Je ne dirai plus rien : j'en jure !
  De grace ! ne me fais pas peur !

Je fuis poltron ; & de nature,
A mourir, de pure fraïeur !
### LISETTE.
Soit ! Je pardonne encor , à ta langue traîtreffe !—
Ton Maître, au refte, eft trop heureux
D'avoir fçu plaire à ma Maîtreffe.
Dans elle, tout s'unit pour contenter fes vœux :
De grands biens, & de la Nobleffe ;
Des graces, de la gentilleffe ;
De la beauté , de la tendreffe , . . .
SCAPIN *l'interrompant avec vivacité.*
Parles-tu vrai ?— De la beauté ?
Mais. . . de la beauté naturelle ? . . .
A l'art, l'on n'a rien emprunté.
Ses yeux font de vrais yeux ?
LISETTE *d'un ton ironique.*
Oui ! faits exprès pour elle ;
Et qui pourtant n'ont rien coûté ! —
Pour moi, je fuis un peu moins belle ;
Moins réguliere ; & j'efpére pourtant,
Si nous nous marions, que tu feras content.
SCAPIN *d'un air embarraffé.*
Me marier ?. . J'ai fait un vœu qui m'en empêche.
LISETTE *vivement & gaiement.*
Oh ! quand tu m'auras vue . . .
SCAPIN *l'interrompant*
Eh ! non, non !
LISETTE *reprenant vivement.*
Eh ! fi, fi !
Ton humeur fera moins revêche,
Je te verrai l'efprit plus adouci. —
D'ailleurs, outre mon bien, je te promets auffi ,
De te donner des leçons de grimoire ; . . .
Je veux, qu'en peu de temps. . .

SCAPIN

SCAPIN *d'un air brusque.*

Ce seroit temps perdu !
Non !

LISETTE.

Ce n'est pas la mer à boire ;
Et, sans avoir grande mémoire ,
Bruks ! Haure ! Gart ! Krinkes ! Mirsdu !
Répéte un peu pour voir ?

SCAPIN.

Il ne m'est pas possible !

LISETTE.

Pourquoi ? . . n'as-tu pas entendu ? . .
Eh bien ! trois mots de plus,te rendroient invisible !
Tu surprendrois les gens, au dépourvu !
Conçois-tu le plaisir de voir , sans être vû ?

SCAPIN.

Oui !.. Mais, il faut avoir commerce avec le diable.

LISETTE.

Eh bien ? voïez le grand malheur !
S'il entroit en commerce , avec toi , misérable ,
Il te feroit beaucoup d'honneur !
Mais , voici nos amants !

# S C E N E   III.

ANGÉLIQUE,  PONTIGNAN , LISETTE,
SCAPIN.

PONTIGNAN *avec la plus grande vivacité.*

JE le demande encore ,
Madame , accordez-moi le plaisir de vous voir !. .
Vous sçavez que je vous adore ;
Et me mettez au désespoir !

B

ANGÉLIQUE *d'un air doux , & tendre.*
Tout cela ne peut m'émouvoir.
Il faut auparavant rompre avec Léonore.
Je vous aime ; & , mon cœur jaloux ,
Ne peut trop s'affurer de vous ,
Avant de me faire connaître !
PONTIGNAN *fe jettant à fes pieds , avec feu.*
Je vous en conjure , à genoux :
Une minute , au moins , daignez paraître
Sans ce voile impatientant !
ANGELIQUE *d'un ton plus ferme.*
Non , Monfieur ! — Et tâchez d'écouter un inf-
tant ! —
Je fçais que vous êtes le maître ,
De difpofer de votre fort ;
Votre pere , avec vous , fera bientôt d'accord
De notre himen ! — Il eft fortable ;
Je dis plus : il eft préférable
A cet autre himen , convenable ,
Qu'il avoit arrangé d'abord ! —
Mais , de cette union , qui peut m'être fatale ,
L'engagement fubfifte encor ;
L'on a donné parole à Léonor !
*avec paffion.*
J'ai donc encor une rivale ! . .
PONTIGNAN *l'interrompant impétueufement.*
Une rivale ? . . Ah ciel ! . . pouvez-vous en avoir ?
En peut-on craindre , avec les charmes
De l'ame & de l'efprit, que vous m'avez fait voir ? —
Cependant , dès ce foir , je calme vos allarmes ;
Je veux que Léonor aprenne , dès ce foir ,
Que je ne puis l'époufer , ni la voir ;
Qu'un autre objet m'a fait rendre les armes ;
Et que je fuis fous un autre pouvoir ! —
Quand mettrez-vous fin au tourment que
. . . . . . . ! 

Quand vous verrai-je ?...
ANGELIQUE *l'interrompant.*

Ah ! je vous en conjure ,
*tendrement.*
Plus d'inſtance !— Un billet vous le fera ſçavoir ! —
Mais , que votre cœur ſe raſſure !
Le mien brûle , pour vous d'une ardeur vive & pure ;
Mes ſentimens , pour vous , ſont décidés ! —
Ah ! croïez que je ſens la peine la plus dure ,
A refuſer ce que vous demandez !
Mais , ma gloire l'exige ; & veut que je ſois ſûre ,
Avant de me montrer ,... d'une pleine rupture ! —
Cependant cherchez-y quelque honnête tournure ;
Et mettez-y tous les bons procédés !...
A tous égards Léonor les mérite !
Adieu !
PONTIGNAN.
Quoi ! vous partez ?
ANGELIQUE.
Il faut que je vous quitte.
PONTIGNAN *très-vivement.*
Eh ! ſans que je vous voïe ? Ah ! cruelle !
ANGELIQUE *d'un ton le plus tendre.*

Attendez !
*Angélique doit dire ce mot , en raſſurant très-*
*tendrement ſon Amant ; & en laiſſant tomber ,*
*d'un air affectueux , ſa main ſur le bras de*
*Pontignan.*

## SCENE IV.

### PONTIGNAN, SCAPIN.

PONTIGNAN *d'un air picqué ; & vivement.*

**P**OUR son amant, être aussi défiante ?
Est-ce là de l'amour ? qu'en dis-tu, Scapin ?
SCAPIN *se retenant ; & d'un air contraint.*
                              Rien !
PONTIGNAN *d'un air tendre, d'abord ; & en-*
*suite, d'un air pressant à Scapin, dont il prend*
*le bras.*
          Mais, d'ailleurs, qu'elle est ravissante !
C'est un esprit,...
          SCAPIN *d'un air troublé.*
     Divin !
PONTIGNAN *tenant toujours Scapin.*
          Un charme,....
     SCAPIN *toujours troublé.*
                              Elle est charmante !
PONTIGNAN *continuant ; & le retenant encore.*
     Une grâce, noble & touchante,
     Qu'on trouve, dans son entretien,
N'est-ce pas ?
               SCAPIN *balbutiant.*
     Oui, Monsieur !
               PONTIGNAN.
               Que t'a dit sa suivante ?
SCAPIN *de l'air du plus grand embarras.*
     Je ne m'en... souviens pas... trop bien. —
          Mais quel homme à nous se présente ?
C'est notre Anglais ! il n'a pas l'air content.

# SCENE V.

PONTIGNAN, SCAPIN, LA FORÊT *en Marchand Anglais.*

### LA FORÊT.

MONSIE' ! quitte fous pas, aſt'haire, une inconnue ,
Que fous conaiſſez point ?

PONTIGNAN.

Oui, Monſieur ! dans l'inſtant.

LA FORÊT.

Sur ſon têtte , elle affoir une voile étendue ,
Eſt-ce point ?

PONTIGNAN.

Oui, Monſieur !

LA FORÊT.

Si vous l'affez point vue ,
Soïez ſâge ! la voïez pas !

PONTIGNAN *d'un air vif , & inquiet.*
Eh ! pourquoi donc ? eſt-elle ſans apas ?

SCAPIN *à part.*
Ma foi ! cela pourrait bien être !

PONTIGNAN *d'un air d'impatience.*
Achevez donc, Monſieur ! êtes-vous dans le cas
De la voir, & de la connaître ?

LA FORÊT *avec plus de ſang-froid encore.*
Point ! point !— Mais, ſon ſexe, il eſt traître,
Quand on le connoit point ; & quand on le con-
noit. —

Profite fous de mon ruine !

Ecoutez ! —Hier même, au quartier Saint Benoît,
Ils menent moi, ſouper, & jouer... (j'imagine,)
Chez une Mam'ſelle coquine,

Où l'on me vole, au jeu, cinqk cent liffres
　　Tournois.
Ché la conoiſſois point; chai tort; je ſuis un bête;
(Auſſi bien, affoit-elle un petit air fournois ? ) —
Que mon exemple donc vous ſerve, & vous arrête,
Monſié ! — Votre inconnue, il eſt peut-être hon-
　　nête;
Peut-être, il ne l'eſt point. — Je crois
　　　　Que j'y parirois point mon tête.
Adieu !— Je fous en dis point plus, pour cette fois.

## SCENE VI.

### PONTIGNAN, SCAPIN.

### PONTIGNAN.

CE ſont vingt louis, qu'il en coûte
Au pauvre diable !
　　　　SCAPIN *d'un air penſif.*
　　　　Oh ! oui ! — Que vous ſeriez heureux,
Qu'à ce prix,... je me tais !
　　　　PONTIGNAN.
　　　　　　Acheve ! je le veux.
　　　　SCAPIN *d'un air craintif.*
　　　　Fort bien ! & l'eſprit ténébreux,
Viendra me lutiner, quand on ne verra goutte !
　　　　PONTIGNAN.
　　　　Parle ! ne fois point ſi peureux !
Je te promets le ſecret.
　　　　　　SCAPIN.
　　　　　　Oui !... ſans doute !
Mais, ſi l'eſprit eſt là, qui nous écoute ?

PONTIGNAN.
Où donc ?
SCAPIN.
Eh là ! peut-être entre nous deux ! —
En difant : crak , mifduf , il fe rend invifible.
PONTIGNAN *en riant.*
Invifible ?
SCAPIN.
Oh ! riez ! la chofe eft bien rifible ! —
Je vous dis , moi , qu'il voit fans être vu.
PONTIGNAN.
Peut-on, de fens commun être affez dépourvu ;
Affez imbécile pour croire ?. .
SCAPIN *l'interrompant.*
Pour croire ?. . Eh ! mais il n'a tenu
Qu'à moi , d'aprendre le grimoire ;
Et fi j'avois bien retenu ,
Si j'avois pu mettre dans ma mémoire
Bruk , krink. . .
PONTIGNAN *l'interrompant.*
Quelle pefte d'hiftoire !

# SCENE VII.

ALCIDOR , PONTIGNAN , SCAPIN.

### ALCIDOR.

Que vois-je ? quoi ! c'eft vous ? des Climours à
Paris ?
*il l'embraffe.*
Vous à Paris ? Eh ! qu'y venez-vous faire ?
PONTIGNAN.
Cher Alcidor, ceffez d'être furpris !
Je fuis ici pour une affaire ;

Votre amitié , dont je fens tout le prix ,
    M'y peut même être nécéffaire.
      ALCIDOR *très-vivement.*
     Parlez! je ferois trop heureux !—
Je n'ai point oublié que je vous dois la vie !—
Dans ce détachement dont nous étions tous deux,
    Près d'Halberftat, elle m'étoit ravie ,
    Sans le fecours de ce bras généreux ;
Et le feu , qu'à propos fit votre Infanterie !
     PONTIGNAN *d'un air modefte.*
   N'appuïez point fur cela , je vous prie.
      ALCIDOR *très-vivement.*
    Soit !— Mais , voïez ce que je puis !
Ordonnez , des Climours !
      P O N T I G N A N.
         Aprenez qui je fuis !
Des Climours eft un nom que me força de prendre
Une affaire d'honneur , qui s'arrangea depuis.
      A L C I D O R.
   En ce cas-là , daignez vite m'apprendre...
    PONTIGNAN *l'interrompant.*
Limoge eft mon pays ; Pontignan mon vrai nom !
    ALCIDOR *riant , & en badinant.*
     Eh ! vous venez ici vous rendre ,
     Pour époufer Léonor ?
PONTIGNAN *de l'air du plus grand étonnement.*
        Bon !
Qui vous en a tant dit ?
     ALCIDOR *toujours légérement.*
      Oh ! c'eft là votre affaire ?
     Elle fera facile à faire ;
    Mon meilleur ami , c'eft fon pere. —
Le nom de Pontignan ne m'étant point connu ;
Connaiffant bien Limoge , & fon peuple ingénu ,
Je plaignais Léonor de s'y voir exilée !..—

Et, contre cet himen, dont elle eſt accablée,
Je ſçais ſon eſprit prévenu !
Mais elle ſera conſolée,
Lorſque je vais lui dire . . .
PONTIGNAN *l'interrompant.*
Arrêtez, Alcidor !
Puiſque ce choix l'a déſolée,
Une raiſon, cent fois plus forte encor,
M'empêche, moi, d'épouſer Léonor ! —
J'exige donc, de vous, d'emploïer votre zèle
Pour rompre . . .
ALCIDOR *l'interrompant.*
Oh ! mais penſez-y bien !
N'allons pas ſi vîte ! elle eſt belle,
Et riche ; — A la plus ſage elle ſert de modéle ; . .
Des grâces dans l'eſprit, comme dans le maintien ;
Ecoutez la raiſon qui vous parle pour elle.
PONTIGNAN *très-vivement.*
Lorſque le cœur eſt pris, l'on n'écoute plus rien !
J'aime ailleurs ; &, je vous conjure
De m'arranger cette rupture,
Avec tous les égards, tous les ménagemens,
Que Léonor mérite !
ALCIDOR *d'un air affectueux.*
Oh ! je vous en aſſure ! —
Mais, quels ſont les liens charmans,
Qui ſont . . .
PONTIGNAN *l'interrompant.*
Ah ! c'eſt une avanture . . .
On n'a rien vu de tel, dans les romans ! . . .
J'irai vous voir, & choiſir vos momens
Pour vous la raconter.
ALCIDOR *très-vivement.*
Venez-y tout-à-l'heure !
Car je veux vous loger ; je ne ſouffrirai pas

Que mon meilleur ami demeure
Autre part que chez moi !

PONTIGNAN *refufant mollement.*

Mais ,... c'eft un embarras...

ALCIDOR *l'interrompant, avec vivacité.*

Non ! j'ai dans mon premier étage
Un bel apartement, tout vis-à-vis du mien ;
Et l'efcalier, qui les partage ,
Fait , que chacun  eft maître & libre dans le fien.

PONTIGNAN.

Je ne ferai donc pas de façon davantage !

ALCIDOR *d'un air de bonhomie.*

Venez ! venez ! vous ferez bien !

SCAPIN.

En ce cas là , Monfieur , notre bagage ...

PONTIGNAN *l'interrompant.*

Suis-nous ! & , prends bien garde...

SCAPIN *l'interrompant.*

Il n'y manquera rien !

*Fin du premier Acte.*

# ACTE II.

## SCENE PREMIERE.

*La Scène est dans la maison d'Alcidor.*

### ANGÉLIQUE, LISETTE.

### LISETTE.

J'AI * vû l'apartement, qu'Alcidor, votre frere,
A cet ami, si cher, donne dans sa maison : —
Il est commode, & beau !

### ANGÉLIQUE.

C'est celui, que ma mere
Nous donnoit, à nous, pour prison
Quand mon peu de beauté m'attira sa colère.

### LISETTE.

Oui ! dans son arriere-saison,
Elle se croïoit jeune ; — & , pour ôter matière

---

* Anciennement, l'on ne changeoit pas de décoration, à chaque fois que la Scène se passoit, ou chez Angélique, ou chez Pontignan.

Actuellement les Comédiens de Paris ont trouvé le moïen d'arranger la décoration, à chaque changement de lieu.

Dans les Provinces, où le Théâtre serait partagé en deux, comme il l'étoit à Paris, autrefois ; dans le commencement de cette Scène, Lisette diroit, au lieu de *j'ai vû : voici* l'apartement qu'Alcidor, &c. attendu que la Scène peut se passer chez Pontignan.

A faire, entre elle & vous, quelque comparaifon,
La très-défunte, & très-jaloufe Douairiere,
Sortoit fans vous ;... ici, vous tenoit prifonniere ;
        Et fous fa clé, contre droit & raifon. —
Mais, nous n'avions pas moins liberté toute en-
        tiere ;
Nous fortions ;... & deux ais, tournants dans la
        cloifon,
Sans qu'elle s'en doutât, trompoient la géoliere.
            ANGÉLIQUE.
Eh! quel eft cet ami ?
            LISETTE.
                Je ne fçais point fon nom ;
        Ce que je fçais : c'eft qu'il a du courage,
Qu'il eft riche, bienfait, au printems de fon âge ;
        Et, que votre frere voudroit
        Vous le donner en mariage.
        ANGÉLIQUE *d'un ton très-affirmatif.*
        C'eft ce qu'envain il tenteroit ;
        Il ne poura point m'y réfoudre !
Et Pontignan, lui feul...
            LISETTE *l'interrompant.*
                Ah! quelqu'un qui viendroit
Me dire, maintenant ; &, qui me foutiendroit
Qu'en amour, il ne fut jamais de coups de foudre,
        Votre exemple le confondroit !
        ANGÉLIQUE *d'un air tendre.*
J'en ai quelquefois honte ; &, fouvent je m'en
        blâme :
        Non, jamais l'amour n'alluma,
        Si promptement, une auffi vive flâme !...
        Son premier coup-d'œil me charma !
            LISETTE *gaiement.*
Tant mieux! puifque, d'abord Pontignan vous
        aima ! —

Convenez que , pourtant , jamais on ne forma
Une plus lefte , & plus folle entreprife ! —
A Pontignan , Léonor eft promife ;
Léonor aime Saint Alban ,
Qui l'adore ;... encor plus qu'elle n'en eft éprife. —
Pour fervir votre amie ;  on vous propofe un plan ;
Vous le fuivez ;... vous ufez de furprife ;
Vous vous couvrez d'un voile ; enflâmez Pon-
tignan ;
En donnant de l'amour , vous vous en trouvez
prife ;... —
Ce petit incident n'entroit pas, qu'oi qu'on dife
Dans le plan de votre roman !
Mais, mais l'amour punit tout cœur qui fe déguife ;
L'Amour a fort bien fait ; c'étoit un guêt-à-pan !
ANGÉLIQUE *d'un air badin.*
Ceffe de plaifanter, ou, nous aurions querelle. —
*d'un air tendre , & inquiet.*
Mais , à préfent , que nous en fommes là ,
En me voïant , s'il me trouvoit moins belle...
LISETTE *l'interrompant ; & gaiement.*
Moins belle ?... penfez-vous cela ?
Le craignez-vous, dans le fond de votre ame ?.
C'eft qu'en ce cas, vous feriez bien, Madame,
L'unique, & la premiere femme ,
Que l'on pût foupçonner de cette crainte là !
ANGÉLIQUE *toujours d'un air inquiet.*
L'amour véritable eft timide !
LISETTE *reprenant vivement.*
Et, je raffure, moi, le véritable amour ! —
» Vers le bonheur , le Dieu d'amour nous guide :
L'Opéra l'a tant dit ! — Mais, d'ailleurs, en ce jour,
Sans plaifanter , ceci prend un bon tour !
ANGÉLIQUE *toujours avec inquiétude.*
Oui ! jufqu'ici !.. Mais, je crains par la fuite ,..

LISETTE *l'interrompant.*
Ne craignez rien! l'affaire eſt bien conduite!—
En Bijoutier Anglois, La Forêt traveſti,
( Eh ! je lui dois, en paſſant, cet éloge,)
Au métier d'eſpion, n'eſt pas un aprenti : —
Secrétement d'abord, il ſe rend à Limoge ;
Il rejoint Pontignan, lorſqu'il en eſt parti ;
Et, dans ſon même Hôtel, à Paris, il ſe loge ;
De tout il ſçait tirer parti.
C'eſt par lui, que chacun de nous eſt averti
Du moindre pas, que votre Amant peut faire !..
Allez ! je réponds de l'affaire !
ANGELIQUE *plus gaiement.*
Mais, Pontignan doit être bien ſurpris !
Il ne ſçauroit deviner la maniere, . . .
Comment nous nous y ſommes pris,
Pour ſçavoir tous les faits, que nous avons appris !
L I S E T T E.
Je le crois bien ; car elle eſt ſinguliere !
Il ne peut avoir rien compris
A tous ces tours de gibeciére ! —
Pour Scapin, il me croit une grande ſorciere ;
Et, je l'ai fort intimidé :
Pour lui ,... je ſuis un Lutin décidé ! —
Eh ! je vais bien augmenter ſa ſurpriſe !
Il va, de ma magie, être perſuadé,
Lorſqu'une fauſſe clé de ſa chere valiſe,
Qui doit, à la Forêt, être à préſent remiſe,
Poura l'ouvrir ! — Alors, Scapin y trouvera
Cent choſes, ... qu'en ſecret, notre Anglais y met-
tra. —
Jugez de ce qu'il deviendra,
Dans ſon étonnement extrême !
Et, quels grands yeux il ouvrira ! —
Mais, c'eſt la Forêt ! c'eſt lui-même !

## SCENE II.

ANGÉLIQUE, LISETTE, LA FORÊT.

### LA FORÊT.

Tout concourt au fuccès de notre ftratagême,
        Madame ! — Et , Saint Alban , encor
Plus épris que jamais, d'amour pour Léonor,
        Par un nouveau moïen , efpére
        L'obtenir bientôt de fon pere. —
        Vous fçavez ce que l'or opére ;
        Et Saint Alban prodigue l'or.
Le Médecin d'Oronte eft d'un bon caractère;
        L'or le fait parler , ou fe taire ;
        L'or lui fait entreprendre tout ! —
Il répond de ce pere; &, d'en venir à bout.

### ANGÉLIQUE.

Et, Pontignan ?...

### LA FORÊT *l'interrompant.*

        Il eft dans les plus grandes crifes !
Il fe creufe l'efprit , pour deviner comment
Vous avez pu fçavoir tous fes fecrets.

### LISETTE.

                        Vraiment !
Nos mefures étoient bien prifes !

### LA FORÊT *à Lifette.*

Tiens ! je t'aporte , en ce moment,
Les fauffes clefs des deux valifes !

### LISETTE.

Ah ! quelle joie ! ah ! donne promptement.

*La Forêt lui donne ces clefs.*

# SCENE III.

## ALCIDOR, ANGÉLIQUE, LISETTE, LA FORÊT.

### ALCIDOR.

Votre Marchand, Anglois, vous rend souvent
visite !

### LA FORÊT.

Point tant, qué chai voutrois, Monfié !
Eh ! puis, chai ne fends rien. — Prend fous ce
Chryfolite. *Il tire ce bijou d'un écrin.*
Il m'a coûté, d'un Juif, Ifraélite,
Un prix, qui l'étoit fou. — Chai le tonne à moitié.

### ALCIDOR.

Non ! Je n'eftime pas cette efpéce de pierre.

### LA FORÊT *à Angelique.*

Matame, il me vient de Calais,
Des pelles moires d'Ankelterre. —
Chai, chez moi des chapeaux, anklais ;
Pour le tric-trac, des dez, anklais ;
Des chôlis capotes, anklais ;
Des petites vafes de terre
Montez en or ; des gobelets
D'un peau criftal de roche, anklais ;
Des tir-bouchons d'acier, anklais ; —
Foule fous des romans anklais ?
Ch'en ai peaucoupp ; il eft rien meilleur fur la
terre !
Achetez ! rien n'eft pon, ni peau, s'il n'eft anklais !

### ANGELIQUE.

Monfieur, pour le moment, . . .

LA FORÊT

LA FORÊT *l'interrompant.*

Ch'entends pien ! je m'en vais.
Matame achetera, quelqu'autre jour, j'esperre !

## S C E N E  I V.

ALCIDOR, ANGÉLIQUE, LISETTE.

### A L C I D O R.

J'ai fait un choix, digne de vous,
    Ma sœur ; & , notre nouvel Hôte ,
Pour qui vous concevrez l'estime la plus haute ;
Qui me sauva la vie, en accourant à nous ,
    Dans ce combat , engagé par ma faute ;
Je veux me l'attacher par les nœuds les plus doux ;
    J'en voudrois faire votre époux.
Pontignan, . . .

ANGÉLIQUE *dans la derniere surprise.*

    Pontignan ? Que dites-vous , mon frere ?
Quoi ! Pontignan, l'Amant de Léonor ?

### A L C I D O R.

Lui-même ! Pontignan ! Je le répéte encor : —
Jusqu'ici, de son nom, il m'avoit fait mystere ;
Une affaire d'honneur, long-temps le lui fit taire ;
    C'est sous celui , de Des Climours,
    Que commença notre amitié sincére ;
Cette amitié , qui durera toujours ! —
    Je ne sçais quel  amour l'engage ;
    Mais il veut que je le dégage
De Léonor ; & de son mariage. —
    Cela seroit bientôt conclu ;
( Eh ! ce n'est pas un difficile ouvrage:)
Sur cet himen, Oronte irrésolu,
    Se repentoit déjà , je gage ,

Au lieu de Saint Alban, qu'il connaît davantage,
D'avoir pris un gendre inconnu.
ANGÉLIQUE.
Mais, si d'un autre amour cet homme est prévenu,
Puis-je, moi,..
ALCIDOR *l'interrompant.*
Cet amour n'aura point de tenue;
C'est un amour, qui n'a point de raison; —
Figurez-vous qu'une femme, inconnue;
Le voit, sans vouloir être vue!
Surprend des rendez-vous, le jour, & sans façon,
Aux promenades, dans la rue;
Il ne connaît pas sa maison;
Vous jugez ce que c'est que cette liaison?..—
Je n'en dirai pas davantage!
Mais vous, que pensez-vous d'une Dame, si sage;
Si réservée? Eh bien! répondez donc, ma sœur!
C'est un cerveau blessé, tout au moins.
ANGELIQUE *troublée.*

J'en ai peur!

ALCIDOR *continuant.*
Une espéce!
ANGÉLIQUE *balbutiant.*
Eh! mais, oui!.. Si vous voulez!
ALCIDOR *l'interrompant.*

Je gage,
Que, reconnoissant son erreur,
De sa folle, aujourd'hui, Pontignan se dégage;
Et, qu'il vient vous offrir son cœur?
ANGELIQUE *se rassurant.*
La chose me paraît bien vue!
Oui! de tout cela, je conviens!
Je veux croire que les liens,
Qui l'attachent à l'inconnue,
Sont faciles à rompre; &, qu'il est cent moïens

De l'éclairer fur fa bévue . . . —
Mais, différez notre entrevue ;
Je ne veux point le voir, ni qu'il me voie auffi,
Qu'après cette intrigue rompue !
Et ne lui dites pas que je demeure ici !

### ALCIDOR.

Très-volontiers, je tope à tout ceci !

### CASCARET *s'arrêtant.*

Monfieur ! un Officier, qui defcend dans la rue,
Avec tout fon bagage, autant que j'ai pu voir,
Vous veut . . .

### ALCIDOR *l'interrompant.*

C'eft Pontignan ! Je cours le recevoir.

# S C E N E  V.

## ANGÉLIQUE, LISETTE.

### ANGÉLIQUE.

Ceci finit mon rôle d'inconnue !
Mon frere, pour époux, vient m'offrir mon amant ;
Je n'ai qu'à dire un mot, l'affaire eft terminée ;
· Mais je me fais un doux amufement
D'agacer Pontignan ; de faire fon tourment,
Le refte, au moins, de la journée.

### LISETTE.

Béniffez votre deftinée,
L'amour ne vous eft pas favorable à demi !
A ce bonheur, deviez-vous vous attendre ?
De votre amant, votre frere eft l'ami ;
On le loge chez vous ; il y vient de defcendre ; —
Quand vous voudrez l'entretenir,
Le rendez-vous fera facile à prendre.

## ANGÉLIQUE.

Sans qu'il fçache chez qui je le ferai venir,
Dans mon apartement, je puis le faire rendre
Par un billet,.. qu'on lui fera tenir.

## LISETTE.

Ces ais, qu'on peut tourner, nous en ferons ufage;
Pour qu'il recoive le billet. —
Dans fa chambre, ces ais nous ouvrent un paffage;..
C'eft par-là, que l'efprit follet
Viendra lutiner le valet! —
J'entends monter quelqu'un! Vîte, plions bagage!
*Elles fe retirent.*

# SCENE VI.

SCAPIN, LA RAMÉE *chargés de valifes.*

## SCAPIN.

JE puis donc mettre tout ici ?
LA RAMÉE *l'aidant à mettre à terre fa valife.*
Oui! — Que je t'aide !

## SCAPIN.

Grand merci!
Tu m'as fait monter un peu vîte;
Cela fait que je fouffle auffi ! —
Mon cher ami, c'eft donc là notre gîte?
Nous y ferons bien!... & , voici
*S'étendant dans un fauteuil.*
Pour dormir à fon aife, un fauteuil, que j'admire!
Comme j'y ronflerois !
LA RAMEE *lui montrant l'apartement.*
Tout eft ici bien coi,
Et bien fermé ; — S'il veut écrire,
Ton Maître trouvera de quoi.

De l'encre, du papier, des plumes, de la cire ;
      Tout eſt ſur cette table ; voi.
      SCAPIN *d'un ton de badinage.*

      Fort bien !— Mais, mon cher, cette table
      N'eſt pas pour mon uſage, à moi !
      Celle d'un office abordable
      Me ſembleroit très préférable !
J'ai faim, mais ſurtout ſoif !
            L A   R A M É E.

                  Réponſe en peu de mots
Tu boiras, mangeras . . .
            SCAPIN *l'interrompant.*

                  Tu réponds en héros !
            L A R A M É E.
Prends la clé de ta chambre ; & ſuis-nous à l'office ;
      Ici, tout eſt à ton ſervice.
            SCAPIN *l'embraſſant.*
      Que je t'embraſſe, & te béniſſe ! —
            *Regardant de tous côtés.*
Dans cet apartement, tout me ſemble aſſez clos.
            L A   R A M É E.
Quand tu l'auras fermé, tu peus être en repos.
                  *Ils ſe retirent.*

# S C E N E   VII.

ANGÉLIQUE, & LISETTE *entrants par la*
                              *cloiſon.*

### L I S E T T E.

S U R ſon pivot encor, notre machine porte ;
      Et tourne bien d'un & d'autre côté :
      Les ais, encor ,... ſont joints, de telle ſorte,
      Que l'on ne peut, en vérité,
      S'apercevoir de cette fauſſe porte !
                  C iij

ANGÉLIQUE.

Mais, fommes-nous en fûreté ?
Si l'on venoit...

LISETTE *l'interrompant.*

Eh ! qui ?... Vous êtes admirable !
Ne va-t-on pas fe mettre à table ?

ANGÉLIQUE.

D'accord ! Ils vont dîner : & je n'y penfois pas ! —
Saififfons donc ce moment favorable,
Pour écrire deux mots !

LISETTE.

L'écritoire eft là bas !

ANGÉLIQUE.

Pour le tenir dans le même embarras,
Je vais prier Pontignan de promettre
De me garder le plus profond fecret !

LISETTE.

Oh ! quand il ne fçait rien, un amant eft difcret !
Et celui-ci...

ANGÉLIQUE *l'interrompant.*

Mais il peut me commettre
Vis-à-vis de mon frere ?

LISETTE.

Oui ! cela fe pourait !

ANGÉLIQUE.

Mais, lorfque j'aurai fait ma lettre,
Comme il faut qu'il la trouve, où pourais-je la
　　　mettre ?
Je ne puis point la laiffer là ;
Mon frere, ici, l'amenera :
Si, fur cette table, elle eft mife,
En venant avec lui, mon frere la lira.

LISETTE.

Quoi donc ! j'ouvrirai fa valife, —
En la mettant deffus ce qui s'y trouvera ;

Ne pliant pas la lettre, il faudra qu'il la lise !—
Figurez-vous, d'ailleurs, l'excès de sa surprise,
Lorsque c'est là qu'il la verra !
Il doit vous supofer quelque pouvoir magique ;
Ou, je le tiens un esprit-fort.

ANGÉLIQUE *avec gaieté, & légéreté.*

Il sera confondu, d'accord !
Le tour, qu'on lui joue, est unique !
Il sera bien fin, s'il l'explique !
*Elle va vers la table pour écrire.*

LISETTE *allant à la valise de Pontignan.*

Ecrivez donc ce billet curieux,
Tandis que j'ouvre !— On va vous préparer les
lieux.

ANGÉLIQUE *écrivant.*

Je commence.

LISETTE *ouvrant la valise.*

Emploïez un stile énigmatique !
Qu'il soit *magico-captieux* !
Un peu cabalistique ; un peu diabolique !——
*Tirant, de la valise, un habit brodé en or, qu'elle*
*étale sur une chaise.*

Ah ! Madame, le beau surtout !
Qu'il est riche !— Avouons qu'on brode bien en
France !—
Regardez donc !

ANGÉLIQUE.

Il est d'un goût,
Que j'aime mieux encor, que la magnificence.

LISETTE.

Oh ! moi, c'est l'or, que j'estime surtout !
*Tirant un grand étui, où plusieurs tabatières sont*
*rangées.*

Que de boëtes ! qu'elles sont belles !—
Eh ! les formes les plus nouvelles. —

Il prend du tabac, richement !
C'eft un Seigneur, que votre Amant !
Voilà les plus fines dentelles !
*Tout en allant à la valife de Scapin.*
Je n'en ai jamais vu de telles ! —
C'eft là le beau ! — Voïons le laid ;
Ou, tout au plus, les bagatelles
De la valife du Valet. —

*L'ouvrant, & fe bouchant le nez.*
Ah ! jufte ciel ! Quel camoufflet ?
Poua ! quelle odeur s'en exhale ! —
*Elle tire, à mefure, toutes les chofes qu'elle*
*nomme.*
Quelle perruque !... — un flageolet ! —
Un livre ?... L'opéra d'Omphale ?
Mais, que tout eft mal propre & fale !
Une bourfe de cuir ?... Ah c'eft là, fon tréfor !
*Elle vuide la bourfe, & compte l'argent.*
Voyons à quoi cela fe monte ;
Comment, pefte ! vingt louis d'or ! —
Pour qu'il n'y trouve aucun mécompte ;
Emportons tout ; & par-là, je finis. —
Il en aura l'inquiétude entiere ;
Rempliffons fa bourfe d'anis !
J'en ai dans une tabatiere . . .
Mais, pour qu'il ait, vite, matiere
De croire, qu'en fa malle, ici, l'on a fouillé,
Mettons dehors fa caffetiere ;
Et cette étrille-ci, dont le fer eft rouillé !
*Elle met la caffetière à côté de fa valife ; & l'é-*
*trille deffus.*
ANGÉLIQUE *aportant fa lettre à Lifette.*
Tiens, vois !... Mon caractere eft-il affez brouillé ?
Reconnois-tu mon écriture ?

LISETTE *tenant la lettre.*
Non ! votre frere, je vous jure,
S'il la lui faifoit voir, n'y reconnoîtroit rien ?
De grandes lettres ! — Elle eſt bien ;
Pontignan peut, de loin, en faire la leçture !
*Elle met la Lettre dans la valife, qu'elle ferme*
*tout de fuite.*

ANGÉLIQUE.
Mais, ne ferme donc pas !

LISETTE.
Pourquoi ?

ANGÉLIQUE.
Ce Juſt-au-corps ;
Serre-le donc, dans la valife !

LISETTE.
Non pas ! — Pour caufer leur furprife,
Je le laiſſe, à deſſein, dehors. —
J'entends quelqu'un monter ! — N'aïons pas la fotife
De nous laiſſer furprendre !

ANGÉLIQUE.
Oui, fortons, viens.

LISETTE.
Je fors.
*Elles rentrent toutes deux, par la fauſſe porte de*
*la cloifon.*

---

# S C E N E  VIII.

## ALCIDOR, PONTIGNAN, SCAPIN.

### ALCIDOR.

SI cet apartement ne vous eſt pas commode,
Vous le direz ; &, vous prendrez le mien !

### PONTIGNAN.

Vous vous mocquez ! Je m'y trouverai bien,

### ALCIDOR,

Qu'en liberté, chacun, ici, vive à fa mode ;
Je ne veux vous géhenner en rien.
Nous dînons tard, c'eft ici la méthode ;
L'on vous avertira : Je vous laiffe !     *Il fort.*

# SCENE IX.

### PONTIGNAN, SCAPIN.

### SCAPIN.

AH ! combien
J'aime notre Hôte ! — Ici, Monfieur, notre bon
  Ange
Nous a conduits ! — J'y refte autant que l'on voudra ;
Car, autant que l'on veut, l'on y boit, l'on y mange,
  Et l'on y rit. . . .

PONTIGNAN *l'interrompant.*

Pendant qu'on dînera ,
Tu m'iras recevoir cette lettre de change. —  *Il la*
                    *lui donne.*

Pourquoi, mon juft-au-corps n'eft il pas enfermé ?

SCAPIN *fans regarder.*

Il l'eft !

### PONTIGNAN.

Vois, donc !

### SCAPIN.

C'en eft un autre !
Et, je confens d'être affommé
Si, dans votre valife, on ne trouve le vôtre !
J'en ai la clef.

PONTIGNAN.

Comment ! ce n'est ... il le nôtre ?
La même broderie ; & le même velours ?

*Il tire des Lettres de la poche de cet habit.*

Ces Lettres-ci ?.. Cherche encor des détours ?

SCAPIN.

Je ne l'ai pas tiré de la valise ;
Ce n'est pas moi !..

PONTIGNAN.

Menteur !

SCAPIN.

Je le soutiens toujours ;
Et, je vous parle avec franchise . . . —

*Il jette un coup d'œil sur sa valise.*

Que vois-je ?.. mon étrille ?.. Ah ! qui peut l'avoir
mise ? . . .

Ciel !... n'est-ce point ce lutin enragé?...
Chez moi, s'il avoit fouragé ? . .
Eh ! vîte ! ouvrons ! S'il avoit pris ma bourse?..

*Il ouvre sa valise.*

Ah ! je suis un peu soulagé ! ..
Je l'apperçois ! — S'il m'eût ôté cette ressource,
J'eusse été me pendre !

PONTIGNAN.

Maraut !

SCAPIN.

J'en ai bien eu la peur !... Je vous l'accorde !
Et franchement, j'ai craint qu'elle n'eût fait le
saut ;
Mais je la tiens !. . . . . Miséricorde !

PONTIGNAN.

Qu'as-tu ?

SCAPIN *criant.*

J'avois tort ! Il me faut,
A l'instant même, il me faut une corde !...

PONTIGNAN.
Explique-toi :
SCAPIN.
Mes vingt louis ...
PONTIGNAN.
Eh bien ?
SCAPIN.
Ils font allés au diable !
PONTIGNAN.
Comment ?
SCAPIN.
Ils font évanouïs !
L'enfer ...
PONTIGNAN.
Cela n'eft pas croïable !
SCAPIN *pleurant*; *& jettant les anis, dont fa*
*bourfe eft remplie.*
L'Efprit follet fait un troc ,... amiable ,...
De mon or , contre des anis !
PONTIGNAN.
Allons ! cela n'eft pas poffible !
Quelqu'autre part , tu les a mis !

SCAPIN *pleurant toujours.*
Non ! c'eft votre Dame invifible ,
Ou fa fuivante , ici , qui les a pris !
PONTIGNAN *d'un ton d'impatience.*
Oh ! je te les rendrai , finis !
SCAPIN.
Vous ne la croïez pas forciére ;
Moi , je fuis fûr , qu'en ce moment ,
Elle eft ici ; nous voit ; qu'elle en eft toute fiere ;...
Ou qu'elle rit de faire mon tourment ! —
Avoir changé mon or , en friande matiere ,
C'eft un fecret ,... qu'on n'aprend qu'au Sabat !

### P O N T I G N A N.

Oh ! tais-toi !— C'eſt être trop plat ,
Trop imbécile, auſſi,...
### SCAPIN *l'interrompant.*
Vous êtes hérétique !—
Comment ! il ne m'eſt pas permis
De croire, à votre Dame, une vertu magique ? —
Cependant, il eſt clair ; & je crois, ſans replique :
Que le grand Diable,  auquel ſon eſprit s'eſt ſou-
   mis ,
S'il n'eſt de ſes parents, eſt bien de ſes amis !
### PONTIGNAN *avec impatience.*
Ménage-moi ! — Fais trève à tes bêtiſes !—
   Serre cet habit promptement !
### SCAPIN *d'un air d'humeur.*
Serrons ! Quoique ce ſoit bien inutilement.
### P O N T I G N A N.
Pourquoi ?
SCAPIN *en allant ouvrir la valiſe de ſon Maître.*
   C'eſt que l'eſprit fera d'autres ſotiſes ;
   Et, que l'habit, de moment en moment,
     Va paſſer, ſucceſſivement,
Dans ce ſeul jour, peut-être, en plus de vingt
   valiſes !
*En ouvrant, il aperçoit la Lettre d'Angélique ;*
              *il crie.*
Ciel !... Je ne reviens point de mon étonnement !
   *Il donne la Lettre à Pontignan.*
   Quelle écriture ! quelle grimoire !—
Voïez : — Je méritois les petites maiſons ,
Quand mon or ... — A préſent, force vous eſt... de
   croire
   A la magie ?...— Auriez-vous des raiſons
Sur cette Lettre ?...

PONTIGNAN *l'interrompant.*

Elle est d'une femme! lisons.

LETTRE. *Il la lit très-vîte.*

» Comme il n'est rien de fermé pour moi, ne
» soïez point surpris si vous trouvez cette Lettre,
» en cet endroit, où elle ne peut être vue, que
» de vous! Je suis contente de la priere, que
» vous avez faite au galant homme, chez qui
» vous logez, de se charger de rompre l'enga-
» gement que vous avez avec Léonor! Cette
» preuve de votre amour pour moi, me décide à
» satisfaire le desir que vous avez, de me voir ;
» & mon cœur partage le plaisir, que le vôtre se
» flatte d'y trouver. Ce sera dès ce soir, si par
» votre réponse, que vous laisserez auprès de vo-
» tre écritoire, vous me promettez le plus pro-
» fond secret, sur le rendez-vous, que mon
» amour veut vous donner. Si vous parlez, mon
» art m'instruira, sur-le-champ, de votre in-
» discrétion ; & vous me perdez pour toujours ;
» & je veux bien que vous vous doutiez que j'en
» serois désolée ; mais, je le répéte ; vous me
» perdriez! Je ne vous verrai plus.

SCAPIN.

Eh bien ! qu'en pensez-vous ?

PONTIGNAN.

Ce qu'il faut que j'en pense.

Fausses portes, & fausses clés,

Sont tout son art magique, & toute sa science !

SCAPIN *avec volubilité.*

Quoi ! vos sens ne sont pas troublés

Par sa magique diligence ?

Il faut qu'elle ait, en l'air, mille démons aïlés ;

Oui, mille couriers endiablés,

Qui lui donnent la connoiſſance
D'un projet, auſſitôt qu'il eſt imaginé ! —
Comment a-t-elle deviné
Ce logement, qui vient de nous être donné,
Dans l'inſtant même, où nous changeons de gîte ;
Et, que l'autre eſt abandonné ? —
Pouvions-nous en changer plus vîte ?...
Hauffez les épaules ? J'ai tort !
Mocquez-vous ! faites l'eſprit fort !
Riez ! riez !

PONTIGNAN.
Je vais faire réponſe.

SCAPIN.
Au diable ?

PONTIGNAN.   *Il ſe met à écrire.*
Au diable, ſoit !

SCAPIN.
Eh ! ſans rien craindre ?

PONTIGNAN.
Bon !

SCAPIN.
Vous ne croïez donc pas, qu'il ſoit des ſorciers ?

PONTIGNAN.
Non !

SCAPIN.
Mais cependant, à vos yeux tout l'annonce !
L'on a là-deſſus des faits ſûrs !
A l'armée, on a vu des ſoldats, qui ſont durs ;
Qui ne peuvent jamais recevoir de bleſſures ;
Et pas même de meurtriſſures !

PONTIGNAN *ayant acheve d'écrire ; & ſe levant.*
Tais-toi ! tu n'as pas de bon ſens !

SCAPIN.
Niez les choſes les plus ſûres !

CASCARET *venant, & s'en allant tout de suite.*
Monfieur, l'on a fervi.

### PONTIGNAN.

Mon ami, je defcends;
*A Scapin.*
Et toi, prends fi bien tes mefures
En te cachant, quelque part là,
Que tu puiffe faifir le Courier, qui viendra
Pour prendre ma réponfe!

### SCAPIN.

Ah! Monfieur!

### PONTIGNAN.

Refte là!

### SCAPIN.

Je n'y refterai pas, ou le diable m'emporte!
Je mourrois de fraïeur!.. — Il me faut une efcorte,
Deux ou trois hommes,... fans cela,
'A quoi vous fervirois-je?... Il vaut mieux que je
forte!
*Il fort; & paffe avant fon Maître.*

*Fin du fecond Acte.*

# ACTE III.

## SCENE PREMIERE.

### ANGÉLIQUE, LÉONOR.

ANGÉLIQUE *embraffant Léonor ; & du ton de*
*l'amitié.*

OH ! je veux vous gronder !.. J'aurois donné
    de l'or
Pour vous avoir plutôt ! — Je languis , . . . je de-
    meure . . .
       LÉONOR *l'interrompant.*
      Il n'eft pas tard : — fans Alcidor , . .
     ANGÉLIQUE *l'interrompant auffi.*
Il n'eft pas tard ? — L'excufe en eft-elle meilleure
    Pour une amie ? — Ah ! Léonor !
      Même, en arrivant de bonne-heure,
      Vous arrivez trop tard encor.
   LÉONOR. *lui ferrant la main , avec amitié.*
      Grondez toujours ainfi, ma chére !
Cette tendre querelle eft faite pour me plaire ! —
     Mais , belle Angélique, un moment !
     Jugez, pourtant, de mon empreffement ! —
Au logis , j'ai laiffé mon pere , & votre frere,
      Qui commençoient ouvertement ,
     A parler de ma propre affaire ;
Dont j'augure très-bien par ce commencement,..
Et j'accours, fans fçavoir quel eft l'événement !

            D

*En riant.*

Eh vous grondez? la chofe eft un peu forte !

ANGÉLIQUE *en riant auffi.*

Je m'apaife , laiffons ceci. —

Vous avez vu mon frere ,... enforte
Que vous n'ignorez rien de ce qui nous importe ;
Et vous fçavez comment Pontignan loge ici ; —
Mais , vous ne fçavez pas , que , de ce falon-ci,
Je puis entrer chez lui , par une fauffe porte ;
Et que j'avois la clé de fa valife auffi.

LEONOR.

Je l'ignorois : Eh bien ?

ANGÉLIQUE.

J'ai fait un mot de lettre,
Et , nous fervant de ces deux moïens-là ,
Dans fa malle on a fçû la mettre ;
L'on a bien refermé la malle , après cela ;
Et j'en reçois , fans me commettre,
Cette réponfe , que voilà ! *En tirant
la Lettre.*

LEONOR *avec gaieté.*

Il a dû tomber en fincope
En trouvant là ta Lettre ? — Oh ! mais , tu me liras
La fienne ! — Voïons donc comment il développe ,
Ou déguife fon embarras !

ANGÉLIQUE *lui donnant la Lettre de Pontignan.*

Tiens ! lis toi-même , tu verras.

LEONOR *lifant.*

» Quoique la façon , dont vous m'avez fait
» parvenir votre Lettre , me faffe penfer de vous,
» Madame , les chofes du monde les plus extraor-
» dinaires , rien ne peut cependant m'empêcher
» de me trouver au rendez-vous , que vous me
» promettez ; & après lequel vous me faites

» soupirer depuis si long-tems. — Tout, en
» vous, tient du merveilleux, du prodige! Vo-
» tre ame, & votre esprit, que j'adore, en font
» un mille fois plus fort, que tous les prestiges
» dont vous cherchez à m'éblouir.

» La passion violente, que vous m'avez ins-
» pirée, me donne dès à présent la conviction
» que je vous trouverai plus belle encore, que je
» ne me le suis imaginé; quoique l'imagination
» la plus ardente ne puisse aller au-delà de ce que
» je me figure. — Toutes mes expressions me pa-
» roissent foibles, quand je veux vous peindre
» l'excès de mon amour! — Je vous engage ma
» parole d'honneur sur le secret, que vous de-
» mandez; & je vous demande, moi, à ge-
» noux, que le rendez-vous, que vous me faites
» espérer, soit pour ce soir même. Je meurs, si
» vous le différez! *Lui rendant la Lettre.*

Il montre dans cette réponse,
Autant d'amour pour toi, que l'on en puisse avoir.
Et ton amour, pour lui, de lui même s'annonce;
Le rendez-vous promis, fait assez concevoir
   Qu'en sa faveur ton cœur prononce.
Il va donc te connaître; enfin, il va te voir.
  Mais, où? mais quand?
   ANGÉLIQUE *souriant.*
    Oh! chez moi, dès ce soir.

## SCENE II.

ANGÉLIQUE , LÉONOR , LISETTE.

LISETTE *accourant gaiement.*

MADAME, c'eſt une merveille!
L'on vient d'aporter la corbeille,
Garnie, en galons d'or, à jour;
En beaux rubans! en nompareille! —
J'ai déjà mis dedans, pour vous faire ma cour,
La véſte, brodée au tambour,
Qu'à Pontignan vous avez deſtinée!
ANGÉLIQUE *à Liſette.*
Bon! — *à Léonor.* A la fin de la journée
Ma Tante donne un petit bal ; —
Par moi, vous y ſerez menée! —
Mon frere ignorant tout, penſe qu'il n'eſt pas mal
Que, maſquée avec vous, par hazard j'y rencontre
Son très-cher ami Pontignan,
Qu'il y mene avec Saint Alban. —
Il prétend, qu'à ſes yeux, ſi ma beauté ſe montre,
Elle fera finir cet amour de roman,
Dont Pontignan s'eſt pris pour ſa Dame inviſible!
(Car il ne ſçait pas que c'eſt moi!)
Par ce moïen, il croit poſſible
De le déterminer à recevoir ma foi.
LEONOR *vivement.*
Saint Alban y doit être? Oh! j'y vais avec toi.

# S C E N E   I I I.

ALCIDOR, ANGÉLIQUE, LÉONOR,
LISETTE.

ALCIDOR à *Léonor.*

M ADAME, la rupture eſt faite,
Vous épouſerez Saint Alban !
Votre pere y conſent !
        LÉONOR *vivement.*
          Mon ame eſt ſatisfaite :
Eh ! quels remercimens !...
        ALCIDOR *l'interrompant.*
        De rien ! — à *Angélique.* Mais, notre plan
N'eſt pas encor rempli. — Maintenant je ſouhaite
      À mes deſirs, d'amener Pontignan ;
Je me flatte, qu'au bal, quand il vous aura vue ;
      Et, lorſque j'aurai démaſqué
      Son avanturiere inconnue,
      La honte de s'être embarqué
Avec cette fripone . . . *Il touſſe pour donner le*
   *tems à Léonor de parler bas à Angélique.*
LÉONOR *bas à Angélique ; & ſouriant.*
         Eh bien ! ſans être émue,
      Vous tenez à ces propos là ?
ALCIDOR *continuant, après avoir touſſé.*
Le forçant à rougir, enfin, de tout cela,
Votre affaire, avec lui, ſera bientôt conclue.
       A N G É L I Q U E.
Soit : — Mais je vous l'ai dit ; &, je m'en tiendrai là.
Voïons auparavant ſon intrigue rompue.
       ALCIDOR à *Léonor.*
En voïant Pontignan de près,
            D iij

A ce bal, où ma sœur vous mene,
Vous examinerez ses traits,
Sa taille, son air noble; & jugerez après,
Si j'ai tort de vouloir, qu'à ma sœur il convienne !
*D'un ton de badinage.*
Moi !... j'ai peur que, pour lui, votre cœur ne se
prenne ;
Et que le pauvre Saint Alban... —
Mais quelqu'un vient !.. si c'étoit Pontignan ?..
Mes Dames, croïez-moi, sortez !.. c'est lui peut-être?

## SCENE IV.

### ALCIDOR, SCAPIN.

### ALCIDOR.

C'EST toi, Scapin ? que fait ton Maître?
### SCAPIN.
Monsieur, il rentre en ce moment;
Vous l'allez bientôt voir paraître !
### ALCIDOR.
Eh! dis-moi, revient-il d'un rendez vous charmant,
Surpris par sa Dame voilée ?
SCAPIN *d'un air d'embarras.*
Monsieur...
ALCIDOR *l'interrompant.*
Non! son déplacement
Déroute cette écervelée,
Qui ne sçait pas encor, son nouveau logement.
SCAPIN *d'un air vif, & trouble.*
Vous croïez cela, bonnement ?
Elle sçait tout : elle est sorciere !
Tout ! le passé, le présent, le futur !
Je si j'osois parler...,

ALCIDOR *l'interrompant.*
Oh ! donne-toi carriere ;
Parle fans crainte ; & , tu peux être sûr..
SCAPIN *l'interrompant.*
Male-pefte ! non pas !.. Je crains cette ouvriere !
Peut-être, en ce moment, perce-t-elle ce mur . . .
ALCIDOR *l'interrompant, en riant.*
Ce mur ?.. Scapin fe perfuade . . .
SCAPIN *l'interrompant auffi.*
Oui ! cet être invifible, avec fon *Crauft mirdu*,
Eft là peut-être en embufcade ;
M'a déjà, peut-être, entendu !..
Et, fi je vous difois ce qui m'eft défendu,
Dès cette nuit, j'aurois l'aubade !
*Patatras* ! je ferois perdu !
ALCIDOR *avec un rire mocqueur.*
Comment ! par la tête, il te paffe . . .
SCAPIN *l'interrompant encore.*
Nos malles ;.. les ouvrir ;.. prouvent ce que je dis.—
Dans ma bourfe, j'avois des louis, que j'amaffe
Avec des tourmens infinis ;
L'efprit les prend. — Me fait la grace
De me laiffer la bourfe ;... & de mettre à la place
De mes louis d'or, qu'il a pris,
Comme un diable mocqueur, du fucre, des anis.

# SCENE V.

## ALCIDOR, PONTIGNAN, SCAPIN.

### PONTIGNAN.
*à Alcidor.*

Scapin! — Vous permettez ? . . .
        ALCIDOR *l'interrompant.*
              Liberté , toute entiere !
       PONTIGNAN.
Va m'attendre là-haut , avec de la lumiere !
      SCAPIN *tremblant.*
Ah ! Monfieur !
       PONTIGNAN.
            Ne raifonne pas !
     SCAPIN *mourant de fraïeur.*
   L'efprit ... — Pour grace , finguliere ,...
PONTIGNAN *le raffurant.*
Va ! — Ne crains rien ; je fuis tes pas !
    SCAPIN *en s'en allant.*
Oh ! voilà mon heure derniere !
Et , vous ordonnez mon trépas !

# SCENE VI.

## ALCIDOR, PONTIGNAN.

### PONTIGNAN.

Vous a-t-on rendu ma parole ?
      ALCIDOR.
On l'a rendue ! — Oui ! mon cher Pontignan !
Oronte n'eft pas un tiran :

Il vous perd à regret ! mais ce qui le console,
C'est le goût, que sa fille a pris pour Saint Alban ;
Il en fera son gendre ! — Et vous, de cette folle,
  De cette invisible beauté,
   Qui vous aime, & qui vous désole,
   Etes-vous toujours entêté ?
PONTIGNAN *très-impétueusement.*
  J'en suis fou ! j'en suis enchanté ! —
   Nommez cet amour un délire,
   Une ivresse!... je le veux bien ! —
Mais, sur mon cœur, elle a pris un empire,
Que rien ne peut affoiblir, ni détruire !
  Rien au monde ! mais je dis rien ! —
Ce n'est pas seulement sa raison, que j'admire,
  C'est qu'il n'est point d'esprit, comme le sien!
De cœur plus tendre! une ame plus honnête! —
  Jugez-en ; puisque, sans la voir,
Son cœur, lui seul, fit du mien la conquête !
Ce n'est point sa beauté qui m'enchaîne, & m'ar-
 rête ;
  C'est un plus solide pouvoir !
   ALCIDOR.
  Mais, si dans le bal de ce soir,
Moi, je vous fais trouver un objet qui rassemble
  Toutes ces qualités ensemble ;
  En qui, d'ailleurs, vous verrez mille apas!..
Ce qu'on voit touche plus, que ce qu'on ne voit
 pas,
  Alors, mon très-cher, il me semble...
PONTIGNAN *l'interrompant impétueusement.*
Non ! c'est chose impossible ! &, rien ne lui res-
 semble !
CASCARET *survenant ; & parlant bas à Al-*
       *cidor.*
Monsieur...

PONTIGNAN.

On vous demande, adieu.      *Il sort.*
      ALCIDOR *à Pontignan, qui sort.*

                        Dans un moment,
J'irai vous retrouver dans votre apartement.
      *Il se retire aussi ; & Cascaret le suit.*

# SCENE VII.

LISETTE *seule, entrant par la cloison ; & te-*
*nant une corbeille.*

DU présent, qu'en secret fait là notre Maîtresse,
      Débarrassons-nous promptement : —
Plaçons-le en quelqu'endroit, où cet objet paraisse,
Et frape, tout d'un coup, les yeux de son Amant. —
      Sur sa table, si je la laisse,
Sa corbeille y feroit assez visiblement. —
      *Cherchant la table.*
      C'est là, qua la table doit être !...
      Au fond de cet apartement !...
      A main droite de la fenêtre !... —
      Mais, je la cherche vainement ;...
      Ah ! si j'allois me perdre, sottement !... —
Sur cette boiserie, une main étendue, *au désespoir.*
      Peut me guider !.. mais, non vraiment !..
      Malheureuse ! Je suis perdue ! —
      Pour sortir, je n'ai plus d'issue !...
      Mais, tâchons de la retrouver !...
      Hélas ! ma peine est superflue !...
L'on vient ici ! Par où pourai-je me sauver ?

# SCENE VIII.

## LISETTE, SCAPIN.

SCAPIN *tenant un flambeau ; & tremblant.*

Esprit, dont l'invisible & magique puissance,
Pénétre tout !... la pensée & les lieux !
Les lieux ,... où je mets ma finance ,
Et ce que j'ai de précieux ! —
Je ne suis pas pécunieux ;
Et , si tu veux voler , vole plutôt mon Maître !...
Tu t'en trouveras beaucoup mieux ! —
Mais surtout à mes foibles yeux ,
Esprit , garde-toi d'apparaître !...
Je ne suis point né curieux !...
Ma peur iroit au point, que j'en mourrois peut-être.

LISETTE *à part , à l'autre aîle du Théâtre.*
Sa lumiere , en ces lieux , me fait me reconaître ;
Je vois par où je puis rentrer ! —
Mais , il faut souffler sa bougie ,
*Elle éteint la bougie de Scapin.*
Afin de le désespérer ! —
Ah ! ah ! c'est toi, coquin , qui viens de m'im-
plorer !
*Elle le saisit au collet.*
SCAPIN *tombant à genoux de fraîcur.*
Ciel ! où faut-il que je me réfugie ? —
Mon cher Démon ! pourquoi t'en prendre à moi ?
A mon Maître , plutôt , inspire quelqu'effroi !
Il ne croit point à la magie ;
Et , c'est un esprit-fort , qui n'a ni foi , ni loi ! —
*Elle le tourmente.*
A l'aide! à l'aide !

### LISETTE.

Allons ! tais-toi ;
Je t'étranglerai, si tu cries !

### SCAPIN.

Pardon : je vais crier tout bas !

*Criant du gosier.*
Miséricorde !

### LISETTE.

Encor de ces criailleries...
Si tu souffles, j'appelle ici mes trois furies,
Qui te feront passer le pas !

SCAPIN *d'une voix très-basse.*
Eh ! non, non ! je ne souffle pas.

LISETTE *le tourmentant.*
Tu ne veux donc pas être sage ?
A ton Maître, toujours tu dis du mal de nous ?

### SCAPIN.

Je n'en dis pas !

### LISETTE.

Tu ments !

### SCAPIN.

Non, non !

### LISETTE.

Sur ton visage,
*Elle lui passe la main sur le visage.*
Quelques coups de griffe...

SCAPIN *détournant sa main.*

Ah ! tout doux !
Beau lutin, modere ta rage !

### LISETTE.

Au contraire ! il faut par mes coups,
Que tu fasses le grand voïage ;
Cela finira mon courroux !

SCAPIN *dans la derniere fraïeur.*
Eh ! je me tiens pour mort, que veux-tu davantage ?

## SCENE IX.

PONTIGNAN , LISETTE , SCAPIN.

PONTIGNAN.

Eh ! Scapin !

SCAPIN.

Qui m'appelle ?

PONTIGNAN.

Eh ! c'eſt moi.

LISETTE.

Sauvons-nous.

PONTIGNAN.

A qui parlois-tu là , dans l'inſtant, ſans lumiere ?

SCAPIN.

A l'eſprit , qui s'eſt diverti
A me vexer , d'une rude maniere !

PONTIGNAN.

Quoi ! tu l'as vu ?

SCAPIN.

Je l'ai ſenti ; —
N'avancez-pas ! il eſt tout proche !

PONTIGNAN.

Moi , je crains qu'il ne ſoit ſorti !

SCAPIN.

Prenez-y garde ! & ſoïez averti ,
Que ſi ſa griffe vous accroche...

PONTIGNAN *l'interrompant.*

Oh ! ſi vous êtes là , parbleu ! je vous aurai ,
*Il cherche.*

Monſieur l'eſprit !...— Je vous arrangerai !—
*Rencontrant la corbeille ; & la ſaiſiſſant.*

Scapin ! c'eſt lui ! Qui que tu ſois , demeure !

LISETTE *à part , & tirant à ſoi la corbeille.*

C'eſt Pontignan ! jamais je ne m'en tirerai !

#### PONTIGNAN.

De la lumiere , tout-à-l'heure !
Va ! cours ! je tiens le diable ; & je l'étrillerai !

#### SCAPIN *en s'en allant.*

Tenez bien ! tandis que j'irai.  *Il sort.*

#### PONTIGNAN.

Il sera bien fin, s'il m'échape !

#### LISETTE.

Laissons-lui ma corbeille , & gagnons la cloison !
*Elle sort par la fausse porte.*

## SCENE X.

PONTIGNAN *seul , & cherchant partout.*

L'on se sauve ! Suivons !.. Oh ! si je vous ratrape,
Mon cher petit Démon , vous me rendrez raison
Des prétendus lutins, qui font dans la maison !..—
*Montrant la corbeille.*

Ce qu'on m'a laissé , fait conaître
Que c'est quelque coquin !.. Cela ne se peut pas..—
Mais, seroit-ce une femme ?.. Oui ! cela peut bien
     être !
Il m'a même semblé, quand je suivois ses pas,
D'avoir bien entendu le bruit d'un taffetas.

## SCENE XI.

PONTIGNAN , SCAPIN *revenant avec de la
                    lumiere.*

#### PONTIGNAN.

EH ! viens donc ! ta lenteur me tue !
Viens voir !

#### SCAPIN *tremblant.*

J'ai peur de regarder.

**PONTIGNAN.**

Eclaire ici !

SCAPIN *détournant les yeux.*

Sa griffe, est-elle bien crochue ?

PONTIGNAN *d'un air d'impatience.*

Eclaire donc ! & viens m'aider.

SCAPIN *toujours sans regarder.*

Eh ! sa barbe de bouc, est-elle bien touffue ? *Re-*
*culant de fraïeur.*

Je crois la voir !

**PONTIGNAN.**

Moraut !

SCAPIN *à l'esprit, sans regarder.*

Mon cher Esprit follet,
Si mon Maître punit vos tours de passe-passe ;
Si, dans l'instant, il vous tient au collet ;...
Ah ! ce n'est point ma faute ; ainsi, faites - moi
grâce !
Mon Maître est bien mon Maître, & moi bien son
Valet.

PONTIGNAN *très-impatiemment.*

De quelle patience, il faut s'armer ?

S C A P I N.

Courage !
Montrons-nous des plus résolus !
Voïons, puisqu'il faut voir. — Je ne vois rien !...
J'enrage !
Quoi ! vos efforts ont été superflus ?...
L'esprit, que vous teniez, vous ne le tenez plus ?
PONTIGNAN *lui montrant la corbeille.*

Il m'a laissé ceci pour gage ;
Et s'est caché ! cherchons de toutes parts !
S C A P I N.

Vous avez fait un bel ouvrage !
Ah ! parbleu ! nous n'avons qu'à nous tenir gail-
lards !

Il eſt allé chercher main-forte !
Cette nuit, raſſemblant ſes démons égrillards,
Il va nous étriller, d'une diable de ſorte ,
    Pour ſe vanger de nos écarts.

PONTIGNAN.

Va ! va ! crois-moi ! l'eſprit eſt peu de choſe,
    Puiſque la peur l'a fait ſauver ! —
Viens ! viſitons partout ! cherchons ! — Va t'en lever
    Ce grand tapis !

SCAPIN *tremblant.*

        Monſieur, je n'oſe !

PONTIGNAN.

Fais ce que je te dis, ou mon bras ſe diſpoſe...
    A t'aſſommer !

SCAPIN.

        Pour quelle cauſe ? —
Que chercherois-je, moi ?.. je craindrois de trou-
    ver !

PONTIGNAN *lui donnant la corbeille.*

Tiens ceci !

SCAPIN.

    Moi ! toucher à ce qui vient du diable ?

PONTIGNAN *d'un air menaçant.*

Tiens ! te dis-je !

SCAPIN *d'un ton pleureur.*

    Eh ! pourquoi vouloir que ce ſoit moi ?
Que ne la mettez-vous, vous-même ſur la table ?

PONTIGNAN *poſant la corbeille ſur la table.*

L'imbécile !

SCAPIN.

    A l'eſprit vous n'ajoutez pas foi ;
Vous n'avez pas ſenti ſa grife impitoïable ?

PONTIGNAN *d'un air d'étonnement.*

    Il te l'a fait ſentir, à toi ?

SCAPIN

SCAPIN *lui montrant son cou.*
Sans doute ; en voici les empreintes.
PONTIGNAN.
Il t'a parlé ?
SCAPIN.
Sans doute ! il prétend que je nuis
A la Dame lutine ; & m'en a fait ses plaintes ;
Dit que je la dessers, autant que je le puis !
PONTIGNAN *d'un grand sang-froid.*
Il a tort !
SCAPIN.
Très grand tort. — Sa plainte est misérable!
Mais, mon Dieu ! qu'est-ce que je suis,
Pour vous empêcher, moi, de vous donner au
diable ?
Si c'est votre plaisir, en suis-je responsable ?
PONTIGNAN *parcourant l'apartement.*
J'écoute ; & je ne cherche pas !
Aucune porte, ici, ne donne :
Pas la moindre ouverture !.. & j'étois sur ses pas !
SCAPIN.
Avez-vous vu partout ?
PONTIGNAN.
Je ne trouve personne.
Tout augmente mon embarras !
SCAPIN *d'un ton très-affirmatif.*
Oh! visitez du haut en bas !
Vous ne trouverez rien : cela n'est pas possible !
Un esprit, c'est de l'air ; & l'air n'est point visible.—
Enfin, sur les esprits, vous voilà convaincu !
PONTIGNAN.
Eh! tais-toi donc ! j'ai trop vécu,
Pour croire à pareilles sotises !
SCAPIN *très-vivement.*
Comment ! ces apparitions,

E

Le ravage de nos valifes ;
Cette Lettre ; les friandifes ,
Que dans ma bourfe l'on a mifes ;
Tous ces faits , font des vifions !

PONTIGNAN *d'un air de mépris.*
Oui ! de pures illufions !
Ce font des tours de gibeciere !

SCAPIN *d'un air d'indignation.*
*Lui montrant la corbeille.*
Quel impie !— Eh ! ceci , qu'eft-ce ! où l'avez-vous
pris ?

PONTIGNAN.
Quelqu'un , quand j'étois fans lumiere,
Me l'aportoit. — Il s'eft trouvé furpris.

SCAPIN.
Mais , à moins que d'être forciere ,
Par où , fe feroit-on enfui ?
Par la fenêtre ?

PONTIGNAN.
Par la porte.

SCAPIN.
*Avec un dépit outré.*
L'on ne croit plus rien , aujourd'hui !

PONTIGNAN.
Non ! des contes de cette forte !

SCAPIN.
Et moi , je veux que le diable m'emporte ,
Si je n'ai pas vu vrai,... vrai, comme je vous voi ;
Et ce n'étoit pas mon effroi ,
Qui m'a fait voir , que la maligne bête
En chat-huant , voloit autour de moi ,
Avec des cornes fur la tête !...
Et c'eft n'avoir ni foi , ni loi ,
Que refufer de croire...

PONTIGNAN *l'interrompant en frapant du pied.*

Encor un coup, tais-toi !

*Montrant la corbeille.*

Voions ce que contient cette riche corbeille.

SCAPIN.

Bon ! riche !... là-dessus peut-on se récrier ?
Oh ! je la crois sans peine, une merveille,
Le diable est un maître ouvrier.

PONTIGNAN.

Que vois-je ? une veste brodée !

SCAPIN.

C'est un ouvrage d'Asmodée !
C'est qu'il brode au tambour, dame...

PONTIGNAN.

Au fond, je crois voir

*Prenant la Lettre avec transport.*

Un billet ; bon ! —... La voilà décidée
A se montrer sans voile !... &, peut-être ce soir !..
C'est notre rendez-vous, qu'elle me fait sçavoir.

*Il lit.*

LETTRE.

» Votre Lettre, qui peint votre passion avec
» des traits de feu ; & que l'amour lui même,
» vous a dictée, exige d'un cœur, tel que le
» mien, le retour le plus tendre, & le plus sen-
» ti ! Vous me verrez ! *Il s'interrompt pour ré-*
» *péter :* Vous me verrez ! — Je sçais que vous
» allez ce soir au bal : mettez, sous un surtout,
» la veste brodée, que *le génie Uriel* vous remet
» de ma part avec ce billet *Scapin répéte :* le
» génie Uriel ! — Cette veste servira de marque
» à un homme masqué, qui vous connaîtra, en
» la voiant ! Laissez vous conduire où il vous
» menera. Mais, permettez auparavant, qu'il

» vous ferme les yeux avec un mouchoir. L'on
» ira prendre votre réponse, au même endroit,
» où l'on a trouvé votre premiere! Si vous ac-
» ceptez ces conditions, vous verrez une fem-
» me, dont la tendresse égale, au moins, la vô-
» tre! adieu.

SCAPIN *d'un air d'humeur.*
Je ne répondrois point à tous ces logogriphes.
Je n'irois point les yeux fermés!   .

PONTIGNAN.
Pourquoi ?
SCAPIN.
Pourquoi ?... c'est que... d'abord, pour moi,
Les esprits ne font pas des contes apocriphes.
Son génie Uriel!...

PONTIGNAN.
Sois sûr que son envoi
Est fait par un valet, qu'on gagne, ici, je croi !
SCAPIN *montrant son col égratigné.*
Mais un valet n'a point de griffes !..
Par vos armes, d'ailleurs, vous êtes combattu,
Quand vous faites l'apologie
D'une Dame d'honneur, & pleine de vertu,
Qui donne un rendez-vous, la nuit. . . .
PONTIGNAN *l'interrompant.*
Te tairas-tu !
Allume encor une bougie.
*Il se met à sa table pour écrire.*
Je vais répondre.
SCAPIN *allumant la bougie.*
Bon !
POTIGNAN *écrivant.*
Je réponds.

## SCAPIN.

Répondez.
Mais, fentez donc ce que vous hazardez !...
*Primò :* vous bravez la magie ;
Vous vous laiffez conduire après, les yeux bandez;
Ma foi, c'eft rifquer votre vie !
PONTIGNAN *achevant fa Lettre.*
Je voudrois attraper l'efprit ;
Scapin , feconde mon envie.
Pour aprendre le nom de celle qui m'écrit ;
Mon cher Scapin ! fi ton cœur me cherit
Pour un inftant, fortons enfemble ,
Et tu riviendras feul . . .
SCAPIN *l'interrompant.*
Ah ! tout le corps me tremble
Aux propofitions , que vous me faites là !

## PONTIGNAN.

Eh bien ! faifons mieux que cela ;
Tous les deux , nous allons defcendre ,
A grand bruit ! — toi, portant un flambeau de-
vant moi ,
Et fans lumiere; après, nous reviendrons attendre
Le drôle , chargé de l'emploi
De venir en ce lieu, pour prendre
Ma réponfe à fon billet tendre. —
Ii nous croira fortis ; mais , rentrant avec toi ,
Facilement , ici , nous pourons le furprendre.
SCAPIN *en tremblant.*
Vous fuis je néceffaire , moi ?
Si vous vouliez feul entreprendre !. . .
Il ne s'attaque pas à vous ,
Et c'eft à moi que l'efprit vient s'en prendre !.
Monfieur, il me roûra de coups !

PONTIGNAN *d'un air assuré*.
Mais, à quel point, Maraut, la fraïeur te tranf-
    porte !
Avec moi, tu crains ?
            SCAPIN *d'un ton pleureur*.
                Non ?. . Mais je suis son martyr :
Il m'a pris en guignon ;. . il me l'a fait sentir,
    Plus d'une fois ;. . & d'une étrange sorte ! —
Vous répondrez de moi, si le diable m'emporte.
            PONTIGNAN.
Viens, descendons ! — & feignons de sortir.


*Fin du troisieme Acte.*

# ACTE IV.

## SCENE PREMIERE.

### ANGÉLIQUE, LÉONOR.

### ANGÉLIQUE.

Oui ! mon frere l'exige !.. & , je me vois réduite
A me montrer sans masque, au bal, à Pontrignan ! —
Il imagine , . . . (Eh ! c'est là son roman , )
Qu'en me voiant, son cœur se prendra tout de suite.
Il faut céder à sa poursuite ; —
Je n'ôterai mon masque qu'un moment ;
Et dans le rendez-vous , que je ménage ensuite ,
Pour voir en secret cet Amant ,
Je serai, par lui-même instruite ;
Et je sçaurai, sur moi, quel est son jugement. —
*D'un air d'inquiétude ; & en soupirant.*
S'il m'annonçoit un fâcheux dénoûment ,
Je lui resterois inconue.

### LÉONOR *d'un air léger.*

Quelle folie ! — Eh quoi ! tu doutes que ta vue ,
Que ta beauté n'augmente encore son ardeur ?
Eh ! moi, ce n'est pas là ma peur :
Je crains, qu'en lui parlant, tu ne sois reconue.
Ta voix...

### ANGÉLIQUE *l'interrompant.*

Je te réponds , (Eh ! j'en dois être crue , )
De la lui déguiser , beaucoup mieux , que mon
cœur.

LÉONOR *souriant malignement.*

Je le croirois ! — Mais, votre frere
Ne lui dira donc pas, que vous êtes sa sœur ?

ANGÉLIQUE.

Non. — Il me doit traiter en étrangere.

LÉONOR *en riant.*

Il ne sçait pas ce que nous sçavons tous.

ANGÉLIQUE *d'un air d'inquiétude.*

Mais, moi, je ne sçais point, n'aïant pas sa réponse,
Si Pontignan accepte, ou non, le rendez-vous ?

LÉONOR *vivement.*

Au desir de vous voir, pensez-vous qu'il renonce ?
Quel conte ! il viendra sûrement !

ANGÉLIQUE.

Je voudrois le sçavoir : — sa réponse doit être
Sur sa table, à présent ! — Ce seroit ce moment,
Qu'il faudroit saisir lestement ;
Car, à l'instant, j'ai vu le Valet, & le Maître
Sortir de leur apartement.

LÉONOR.

Lisette peut. . . .

ANGÉLIQUE *l'interrompant.*

Lisette est à l'Hôtel de Flandre !
Elle a pris des porteurs ; elle est chez La Forêt,
Afin . qu'au quart-d'heure il soit prêt
A se masquer ; & qu'il puisse se rendre,
Vers le soir, au bal, pour y prendre
Pontignan ; — Et c'est là que notre affaire en est.

LÉONOR *vivement.*

Pour l'avancer, en attendant Lisette,
Je sçais une bonne recette :
Que n'entrons-nous par la cloison ?

ANGÉLIQUE *très-vivement, avec volubilité.*

C'est bien dit ! allons tout-à-l'heure
Chercher, par-là, sa Lettre ,... Eh ! vous avez raison !...

Mais , comme il faut , qu'au guet , l'une de nous
 demeure ,
Tandis que j'épîrai les gens de la maifon ,
Sur fa table , prenez cette réponfe.

LÉONOR.

                              Bon !

Cela vaut fait !
ANGÉLIQUE *d'un air d'amitié.*

                    Mais , vous êtes trop bonne !
Comment reconnaître vos foins ?

LÉONOR.

            Mais , vous êtes bien sûre , au moins ,
Qu'en cet apartement, il n'y viendra perfonne ?

ANGÉLIQUE.

Non !

LÉONOR.

            Et vous vous tiendrez au paffage ?
ANGÉLIQUE.

                              A deux pas.

LÉONOR.

Ce feroit , voïez vous , une faute bien lourde
De nous laiffer furprendre !

ANGÉLIQUE.

                        Oh ! ce n'eft pas le cas ;
Ils font fortis !—D'ailleurs, j'ai ma lanterne fourde;
    Et fa clarté ne nous trahira pas !

LÉONOR.

Fort bien ! A fa lueur , j'aperceverai , fans peine
            Ce billet , de vous fouhaité.
ANGÉLIQUE *avec vivacité.*

            Venez , venez que je vous mene ;
Je ferai votre guide , en cette obfcurité.     *Elles*
                                          *fortent.*

## SCENE II.

PONTIGNAN, SCAPIN, *arrivant fans*
*lumiere.*

### PONTIGNAN.

Nous n'avons, en rentrant, été vus de perfonne.
SCAPIN *avec fraïeur.*
Reftons-nous fans lumiere, ici ?
### PONTIGNAN.
Il le faut ! — As-tu peur ?
SCAPIN *jouant le brave.*
Moi, peur ? Non, Dieu merci ! —
De la tête aux pieds, je friffonne ;
Mais, c'eft de froid. — Je fuis faifi !
### PONTIGNAN.
Ne parle pas.
SCAPIN *en tremblant.*
Je fuis tranfi !
### PONTIGNAN.
Voïons fi mon billet eft encor fur la table :
Je l'y retrouve, le voici !
SCAPIN *tremblant ; & fuivant fon Maître.*
Ah ! Monfieur, foïez charitable :
Ne vous éloignez pas !... l'efprit eft intraitable !
### PONTIGNAN.
Scapin, on viendra le chercher !
### SCAPIN.
Quoi ?
### PONTIGNAN.
Mon billet !
### SCAPIN.
Eh bien ?
### PONTIGNAN.
Songeons à nous cacher !

SCAPIN *à part.*

Si mon bonheur permet que je parvienne
Jufqu'à la porte il me faut dénicher !...
Oh ! fans lumiere , ici , fe peut-il qu'on y tienne ?
*En voulant gagner la porte , Scapin va heurter*
                                        *Pontignan.*

Au fecours !

PONTIGNAN.

Eh ! c'eft moi !

SCAPIN.

Quoi ! c'eft vous !

PONTIGNAN.

L'idiot !

SCAPIN.

Je vous ai cru le diable !

PONTIGNAN.

Oh ! paix donc — prends la peine
De ne pas proférer un mot ;
Si tu parles toujours , crois-tu que l'efprit vienne ?

SCAPIN.

Tant mieux , s'il ne vient pas !

PONTIGNAN.

Eh ! comment , maître fot ,
S'il ne vient pas , veux tu que je le prenne ?
Silence !

SCAPIN.

Je ne dirai rien !
Mais permettez...
*Scapin embraffe fon Maître , par le milieu du*
                                        *corps.*

PONTIGNAN.

Que veux-tu faire ?

SCAPIN.

Souffrez , qu'à vous je me cramponne bien ;
Et je vous promets de me taire !

## SCENE III.

ANGÉLIQUE, LÉONOR, PONTIGNAN,
SCAPIN.

*Léonor, une lanterne sourde à la main, sort par
la fausse porte avec Angélique, qui n'avance
pas.*

### ANGÉLIQUE.

**L**A table est près du mur, qu'ici vous cotoïez.
#### LÉONOR.
Je la trouverai.
#### ANGÉLIQUE *rentrant.*
                Soïez preste !
#### PONTIGNAN.
L'on se parle, entends tu ?
#### SCAPIN.
                        Ce sont des envoïés
De Lucifer ! — Hélas' j'entends de reste, —
Deux Lutins, au lieu d'un ! — La peste !
Quatre griffes, sur moi ? — Maintenant, vous
    voïez
Comme il n'est point d'esprits ? — Du moins, vous
    y croïez,
Après les avoir vus !
#### PONTIGNAN.
    Chut !
#### SCAPIN *aux abois.*
                    Je vais rendre l'ame ?
#### PONTIGNAN *bas à Scapin.*
*Léonor ouvre sa lanterne sourde.*
Scapin ! vois de la clarté, voi !
#### SCAPIN *mourant de fraïeur.*
De la clarté ?... c'est une flâme

Qui nous vient de l'enfer !
###### PONTIGNAN.
Eh ! mais, retourne-toi !
Regarde donc ! c'est une femme !
###### SCAPIN *bas à Pontignan.*
Vous me faites mourir d'effroi !
Encor un diable femme ! — Allons, c'est fait de
moi !
J'en dois juger par celui qui me vexe.
Rien n'est plus tourmentant qu'un esprit de ce sexe!
###### PONTIGNAN.
Mais, cette femme est assez bien ;
Vois donc !
###### SCAPIN *craignant de regarder.*
Que voir ? Un corps aérien !
Un vain fantôme, qui vous frape !
Soufflez dessus ; &, ce n'est rien.
###### PONTIGNAN.
De peur qu'elle ne nous échape,
*Pontignan place Scapin.*
J'irai là-bas ! toi, reste ici !
###### SCAPIN.
Ah ! quel poste éloigné ! — Si sa griffe m'attrape,
Comment m'enfuir ?
###### LEONOR *prenant le billet sur la table.*
Cherchons son billet ; le voici.
Retournons rapporter ceci ;
Et prenons le chemin, par où je suis venue !
###### PONTIGNAN *arrêtant Leonor.*
A mon billet, vous prenez intérêt,
Madame ?
###### LEONOR *criant de surprise.*
Oh ciel ! j'étois guetée !
*Criant encore, en rencontrant Scapin.*
Ah ! de l'autre côté !...

SCAPIN *tombant à genoux ; & lui parlant, sans*
*jamais la regarder.*

Bon quartier, s'il vous plaît ;
La sentinelle est démontée ! —
Fille aimable, du diable ; ah ! fuïez ! je suis prêt
A favoriser, moi, votre fuite arrêtée ! . .
Qu'ailleurs, votre griffe portée,
Laisse ici Scapin, comme il est !

PONTIGNAN.

*A Scapin.        à Léonor.*
Tais-toi ! — Venons au fait ! — très-magique Prin-
cesse,
Vous voïez que je suis un Chevalier errant,
Qui détruit le charme aparent,
*Avec un ris malin.*
De la magie ; . . . ou de l'adresse,
Qu'on opos à l'amour, le plus persévérant ! —
Mais, au preux Chevalier, dont l'exploit vous sur-
prend,
Parlez vrai, dans votre détresse ! —
Vous n'êtes point l'enchanteresse,
A laquelle mon cœur se rend ! —
Quoique je trouve, en vous, son même air de no-
blesse,
Même beauté ; même jeunesse ;
Le son de voix est différent.

LÉONOR *troublée ; & balbutiant.*
Non, Monsieur ... je ne suis pas celle, ..
Dont votre cœur... est enchanté ....
Elle est fort mon amie .... Elle est beaucoup plus
belle ! . . .
Rendez-moi, donc. .. la liberté ...
Et que j'aille...

PONTIGNAN *l'interrompant d'un ton badin.*
Madame, en cette conjoncture,

Vous avec vû, dans tous nos grands romans,
Dont vous avez fait la lecture,
Qu'un digne Chevalier, dont la vaillance sûre,
Anéantit tous les enchantemens,
Ne délivre jamais les gens,
Qu'après leur avoir fait conter leur avanture !
SCAPIN *reprenant vivement.*
Monfieur, laiffez aller l'efprit,
Puifqu'il me fait miféricorde !
Pour vous-même, craignez de toucher cette corde :
Hélas ! Monfieur, fi l'on l'aigrit,
Il nous retirera la grace qu'il accorde !
PONTIGNAN *à Scapin.*
Ceffe, & vois de quel air le diable ici m'aborde !
Si c'eft un diable ,... au moins, c'eft un diable con-
trit !

*A Léonor : & gaiement.*
Madame, c'eft de bonne guerre,
Que vous êtes ma prifonniere !
Et, je ne vous rends point, avant d'être éclairci...
D'un myftere...
LÉONOR *l'interrompant.*
Ah ! Monfieur, vous allez le comprendre !—
*à parte.*
J'imagine un moïen de me tirer d'ici.
PONTIGNAN
Ah ! Madame, parlez !— D'abord, mon billet
tendre...
LÉONOR *l'interrompant.*
Oh ! n'en aïez aucun fouci ;
Et, je me charge de le rendre.
PONTIGNAN.
Soit ! pourfuivez ; daignez m'aprendre
L'hiftorique de tout ceci.

### LÉONOR.

Mais, ici, l'on peut nous entendre :
Moi-même, ici, j'ai ſçû vous y ſurprendre!—
Et vous verrez que vous auriez regret,
Si quelqu'autre que vous, ſçavoit notre ſecret.
Voiez donc, là dehors, ſi perſonne n'écoute ?

### PONTIGNAN.

Scapin, va voir...

#### SCAPIN *l'interrompant.*

Mais, l'autre eſprit follet
Eſt là dehors !... je le redoute.

### LÉONOR.

S'en repoſer ſur les ſoins d'un Valet ,
Ce feroit me laiſſer du doute ;
Allez vous-même...

#### SCAPIN *l'interrompant.*

C'eſt bien dit :
Cet eſprit a beaucoup de juſteſſe d'eſprit !

#### PONTIGNAN *à Léonor.*

Allons ; il faut vous ſatisfaire ! —
*à Scapin.*
Prends ceci !

### SCAPIN.

La lanterne eſt bien entre vos mains !

### PONTIGNAN.

Maraut ! c'eſt donc moi, qui t'éclaire!—
*Léonor rentre par la fauſſe porte.*
Mais, dis-moi ; qu'eſt-ce que tu crains ?
Ce n'eſt point un eſprit !

### SCAPIN.

Rien ne me réconforte :
L'on ne guérit point de la peur.

### PONTIGNAN.

Poltron !

SCAPIN.

SCAPIN.

Tant mieux pour vous, si vous avez du cœur!

PONTIGNAN.

Faut-il que ta fraïeur l'emporte,
Quand tu vois par tes yeux . . .

SCAPIN *l'interrompant.*

Je ne vois rien, d'honneur!

PONTIGNAN.

Allons! ferme bien cette porte.

SCAPIN *en tremblant.*

Fermons, pour empêcher que le diable ne forte!
Vouloir le retenir, c'eſt être un enragé!

# SCENE IV.

PONTIGNAN, SCAPIN *revenans.*

PONTIGNAN *croïant parler à Léonor.*

NE craignez point d'être entendue,
Madame !... & ,.. mais...

SCAPIN *d'un air triomphant.*

Je ſuis vengé!
Voilà la Dame en l'air!

PONTIGNAN.

Qu'eſt-elle devenue ?
La vois-tu ? dis donc ! dis!

SCAPIN.

Point ! — Eſt-ce un préjugé ?
Eſt-ce une viſion cornue?
En chat noir, je ſuis sûr que l'eſprit s'eſt changé.—
Ou plutôt; non : je crois qu'il s'eſt plongé,
Pour diſparoître , dans un gouffre ;
Et, vous devez ſentir que ce gouffre, en s'ouvrant,

Ici , laisse une odeur de soufre ,
Qui nous prend au nez en rentrant !

PONTIGNAN *sans l'écouter ; & cherchant.*

Ne pourai-je trouver le fil de cette trâme ?... —
L'on entre ici par quelqu'endroit ;...—
Mais dis ; n'étois-ce pas une très-belle Dame ?

### S C A P I N.

Elle, une Dame, ah ! oui !.. bien fou, qui le croiroit !
C'est un esprit, si c'étoit une femme,
Ici , l'on la retrouveroit.

PONTIGNAN *très-vivement.*

Je le soutiens : quand on me hacheroit,
C'étoit bien une femme !— Elle s'est fait entendre ;
Elle a parlé.

### S C A P I N.

D'accord ; mais, parlé d'un ton creux ;
Et n'a rien dit qu'on put comprendre ;—
D'ailleurs, comme je suis peureux ,
Tombant à bas ,... j'ai vu, par un hazard heureux ,
Les deux pieds , .. sur lesquels ce lutin là se
guinde ; —
Et ces petits pieds , amoureux ,
Sont faits, comme ceux d'un cocq-d'inde ,
Avec cinq ergots vigoureux. —
Et, je suis bien trompé , si sous sa jupe bleue ,
Je n'ai pas encor vu, dans ces momens affreux ,
Fretiller trois fois une queue ;...
Oh ! c'est un diable !...

PONTIGNAN *d'un air mocqueur.*

Eh ! bon ! un diable auroit-il fui ?
Ne m'eût-il pas fait quelqu'esclandre ?
N'eût-il pas réclamé l'enfer, & son appui ;
A sa confusion, se fût-il laissé prendre ?

SCAPIN.

Oh ! quand le diable eſt pris , rien n'eſt plus ſot
que lui.

PONTIGNAN *furetant encore partout.*

C'eſt quelque trape ; ou quelque fauſſe porte :... —
Voïons encor !... je ne vois rien.

SCAPIN *tâtant le mur.*

Non ! cette boiſerie eſt ſolide !.. elle eſt forte ;
Et , chaque paneau ſe raporte ,
Sans ouverture , & juſte au lambris , qui tient bien.

PONTIGNAN.

Oh ! parlons d'autre choſe : — allume une bougie
A la lanterne ....— Eh bien ?

SCAPIN *tout tremblant.*

Je n'oſe en aprocher !
Tout ce qui touche à la magie ,
Il m'eſt défendu d'y toucher.

PONTIGNAN *allumant lui-même ſa bougie.*

Pauvre ſot ! — Mets-moi cette veſte brodée ,
Sous ce ſurtout de velours noir.

SCAPIN *lui préſentant l'habit ſeulement.*

Vous même paſſez-la !

PONTIGNAN *paſſe lui-même ſa veſte dans ſon
habit , que Scapin tient. Et Scapin , en l'aidant
à mettre ſon habit , affecte de ne point toucher
à la veſte.*

Le Poltron ! crains de voir
Ma patience , à la fin , excédée !

SCAPIN *d'un ton chagrin.*

Vous endoſſez donc , pour ce ſoir ,
Cette veſte de poſſédée ?

PONTIGNAN.

Il le faut bien ! — Elle ſert de ſignal ,
Et doit me faire reconnaître
Par celui , qui tantôt viendra me prendre au bal.

SCAPIN *en sanglotant.*

Comme tout bon valet doit mourir pour son Maî-
    tre,

Dès le lutin me faire expirer sous ses coups,

Monsieur!.. en me taisant, je me croirois un traître;
    Je parle donc ! & , vous parle à genoux !

*Il s'y met.*

    Fuïez ce maudit rendez-vous :
    Fuïez votre Dame sorciere ! —
    Je me dévoue à son courroux,
  —    En vous faifant cette priere ; —
Mais , tout au moins, à mon heure derniere ,
Je prouve bien, que je n'aimois que vous.

PONTIGNAN *d'un air de pitié.*
    Va ! leve-toi, tendre imbécile ! —
    Ce diable n'est point si mauvais.
    Calme ta fraïeur puérile ;
    Mais, en revenant d'où je vais.. ?

SCAPIN *l'interrompant vivement.*
Quand on va chez le diable , on n'en revient ja-
    mais!

PONTIGNAN *d'un ton très-ferme.*
    J'en reviendrai ; — songe à m'attendre.

SCAPIN.
Ici ?

PONTIGNAN.
Sans doute !

SCAPIN.
    Ici ?
PONTIGNAN.
    Ne va pas t'endormir.
SCAPIN.
Ici , tout seul ?... Vous me faites frémir !
Il vaut mieux , tout d'un coup, me per

C'eft le dernier foupir, hélas! que je vais rendre!—
  Mais, au furplus, ici, tout comme ailleurs,
    L'efprit, pendant la nuit entiere,
    Me joüra fes tours, les meilleurs...—
  En plaçant là, partout, de la lumiere,
Je vous attendrai donc, ici, fi je ne meurs!—
      L'efprit va fe donner carriere,
Lorfqu'il ne craindra plus votre valeur guerriere.—
      Ciel! qui poura me fecourir?
      C'eft pour vous, que je vais mourir!

## P O N T I G N A N.

L'on frape ici.

## S C A P I N.

Je vais ouvrir.

## S C E N E  V.

### ALCIDOR, PONTIGNAN, SCAPIN.

SCAPIN *avec la plus vive fraïeur.*

J USTE ciel!

## P O N T I G N A N.

Qui te fait reculer de la forte?
SCAPIN *tremblant encore.*
J'ai pris Monfieur pour un efprit,
  A qui j'avois ouvert la porte.
PONTIGNAN *à Alcidor.*
Excufez: c'eft la peur; &, rien ne l'en guérit,
  C'eft une paffion bien forte!

## A L C I D O R.

Vous venez de rentrer, à ce que l'on m'a dit?

## P O N T I G N A N.

  J'ai pris une inutile peine;

Je n'ai trouvé perfonne; on étoit au Wauxhall.
ALCIDOR reprenant vivement.
A s'ennuïer : — Jeudi , j'y gagnai la migraine ,
Et je penfai m'y trouver mal !
PONTIGNAN.
J'y dois aller cette femaine.
ALCIDOR d'un ton léger.
En attendant , & , fi rien ne vous géhenne ,
Je m'en vais vous mener à notre petit bal ! —
Vous verrez ,.. ( Et je veux qu'elle vous entre-
tienne , )
Une beauté , d'un efprit fans égal ;
Un tour d'efprit , original ;
Des graces ; une ame fenfible : —
Je gage qu'il n'eft pas poffible ,
Si vous l'entretenez une heure feulement ,
Que vous ne quittiez pas votre Dame invifible ,
Pour devenir , de la mienne , l'Amant.
PONTIGNAN avec impétuofité.
Vous vous en flattez vainement ! —
Vous exigez que je la voie ;
Je la verrai.... Sans ce raviffement ,
Que vous voulez que je déploïe :
Sans en être épris un moment ! —
Je vous préviens , qu'il n'eft aucune voïe
De rompre mon attachement ; —
Et l'amour , & l'honneur en ont fait le ferment.
ALCIDOR légérement.
Je ne fuis point battu ! permettez que je croïe,
Que je n'éfpere pas encor , fans fondement.
Venez , venez.
PONTIGNAN avec gaieté.
Je vous fuis bravement.


Fin du quatrieme Acte.

# ACTE V.

## SCENE PREMIERE.

LÉONOR, LA FORÊT *en domino ; & un maf-*
*que à la main.*

### LA FORÊT.

Pontignan va bientôt paraître ;
Madame, & tout fe paffe au mieux. —
Il m'a fuivi, fans me connaître ;
Je l'ai tiré du bal d'un air miftérieux ;
J'étois mafqué ; nous en fortons tous deux.
La nuit étoit obfcure, autant qu'elle peut l'être :
Il a fouffert qu'on mît un mouchoir fur fes yeux ;
Il eft mené, d'ailleurs, par un vieux reître,
Un Poftillon,... déjà fait à ces tours.
Sa voiture doit faire, & fera cent détours ! —
Ce Poftillon,... j'ai pris foin de l'inftruire.
S'il l'interroge, alors à fes difcours,
Mon drôle répondra, qu'il a dû le conduire
Fauxbourg Saint Honoré ; fort près du petit
cours. —
Et moi, chez Alcidor je fçaurai l'introduire,
Par la porte des baffes-cours.

### LÉONOR.

Eh ! n'a-t-il rien dit à fon guide ?
T'a-t-il parlé ?

### LA FORÊT.

Lui ?... Non ; — mais d'un air intrépide,

Il a monté dans le cabriolet
Sans...
    LÉONOR *l'interrompant, en souriant.*
    J'ai bien éprouvé qu'il n'étoit pas timide.
    LA FORÊT.
Pour l'attendre là-bas, je vais faire le guet.
    LÉONOR.
Va, cours, vîte ! *La Forêt se retire.*

## SCENE II.

### LÉONOR *seule.*

ANGELIQUE est dans l'impatience,
De finir cet amusement,
Que son amour, déjà commence
A regarder, comme un tourment.

## SCENE III.

### LÉONOR, LISETTE.

LISETTE *accourant.*

MADAME, l'on l'attend de moment en mo-
    ment : —
    Mais, à ma Maîtresse, d'avance,
N'avez-vous pas promis d'avoir la complaisance
De paraître, d'abord, aux yeux de son Amant ?
    LÉONOR.
    Oui, Lisette ! — Après quoi, tout cesse.
Après quoi, nous verrons la fin de leur roman.

### LISETTE.

Mais, à votre bal, Pontignan,
A-t-il parlé ?... Madame, a-t-il vu sa Maîtresse ?...
Avoit-elle un masque ?

### LÉONOR.

Oui ! — Mais elle l'a quitté,
Sans affectation ;... avec assez d'adresse,
Quand Pontignan s'est, près d'elle, arrêté. —
Ils ont causé long-tems. — Chacun de son côté,
A déploïé sa gentillesse,
Sa grace, & sa légéreté ;
Quand, au plus fort de leur vivacité,
Notre Anglois, en masque effronté,
S'aproche, parle bas ; s'empare, comme un traître,
De Pontignan ;... qu'avec dextérité,
Du bal, alors, il a fait disparaître,
Pour se voir, ici, transporté.

### LISETTE.

J'entends du bruit ; c'est lui, peut-être.

### LÉONOR.

C'est lui ; je vais le recevoir.

# SCENE IV.

LÉONOR, PONTIGNAN, LISETTE,
LA FORÊT *masqué*.

### LÉONOR *en riant*.

Monsieur, je vous dois quelqu'excuse,...
Ce n'est pas moi, que vous brûlez de voir !—
*S'adressant à Lisette & à La Forêt, qui se retirent.*
Vous allez avertir !... & , sans que l'on s'amuse...

PONTIGNAN *l'interrompant.*
L'ordre, que vous donnez, me permet quelqu'es-
poir,
        Madame, & si je ne m'abuse,
        Il va finir mon embarras ! —
          *D'un air doux & poli.*
       Mais pourtant, n'imaginez pas
       Que je sois assez dans l'ivresse,
Pour n'avoir pas rendu justice à vos apas ;...
       Que, malgré le trait qui me blesse...

     LÉONOR *l'interrompant.*
       Monsieur, c'est une politesse,
       Dont je vous quitte, assurément ! —
       Parlons de votre enchanteresse,
Vous l'allez voir ; — Mais, après le moment,
       Qu'elle aura rempli sa promesse,
    *En souriant.*
N'apréhendez-vous pas qu'elle ne disparaisse,
       Comme tantôt, vous avez vu,
       Que moi-même j'ai disparu.

     PONTIGNAN *d'un ton léger, & badin.*
       Mes Dames !... vous avez la gloire
De m'avoir étonné, par vos tours *de Comus*...—
Et, pour les deviner, ainsi que votre histoire,
       Tous mes efforts ont été superflus ;
       Mais, voilà tout ! — Ne prétendez pas plus...
Vous ne pourez jamais m'amener jusqu'à croire
Les grandes vérités, que contient le grimoire ;...
Jusqu'à croire aux esprits !...

     LÉONOR *l'interrompant, en riant.*
          Votre incrédulité
*Angélique paroît au fond du Théâtre.*
Par *l'esprit*, qui paroît, sera bientôt vaincue ;

Il fçaura vaincre auffi votre intrépidité.
PONTIGNAN *courant à Angélique.*
Eh! c'eft mon aimable inconue!

## SCENE V.

LÉONOR, ANGÉLIQUE *voilée*, PON-
TIGNAN.

PONTIGNAN *impétueufement.*

Oui! je vous reconois aux tranfports de mon
cœur!
A mon tendre délire : aux élans de mon ame ! –
*D'un air tendre ; & inquiet.*
Mais, vous verrai-je, enfin, Madame?
Me tiendrez-vous encor rigueur ?
ANGÉLIQUE *très-tendrement.*
Je voudrois finir votre peine ...
*D'un air d'incertitude.*
Eh! mon cœur la reffent ! — Mais, je fuis... incer-
taine .... —
Dois-je, à vos yeux, me laiffer voir?
A l'art d'une Magicienne
Rien n'eft caché ! — J'ai donc vû, que ce foir,
Au bal, une beauté, digne qu'on s'en fouvienne;
Sur votre cœur, a tenté fon pouvoir. —
Puis-je, à préfent, ôter mon voile, fans fçavoir
Dans la tendre fraïeur dont mon ame eft faifie,
Si, tout-à-coup, votre cœur emporté,
N'a...
PONTIGNAN *l'interrompant impétueufemeut.*
Cette feinte jaloufie
N'eft rien, cruelle; rien qu'un prétexte affeété,

Pour retarder le bonheur de ma vie ;
Et vous jouer, ici, de ma simplicité !

ANGÉLIQUE *très-vivement.*

Ce n'est point un prétexte !.. Eh ! non, en vérité !..
Avant de me montrer, il m'importe d'aprendre
L'effet indifférent, ou tendre,
Qu'a fait, sur vous, cette beauté !

PONTIGNAN *d'un air de dépit, & d'humeur.*

Soit ! Eh bien ! soit, Madame ! Eh ! vous allez l'entendre !

ANGÉLIQUE *vivement.*

Mais soïez vrai ; parlez avec sincérité !
Vous sçavez que mon art...

PONTIGNAN *avec colère ; & l'interrompant.*

Laissons là vos prodiges,
Madame ; & souffrez-moi mon incrédulité ;
Je ne sçaurois donner dans tous vos vains pres-
tiges ! —
Revenons à cette beauté,

*Avec aigreur.*

Dont votre esprit, jaloux, s'est si fort affecté ! —

*D'un ton plus doux.*

J'avoûrai franchement, que cette femme est belle ;
Et, de plus, très-spirituelle !

ANGÉLIQUE *d'un air riant, & badin.*

Oh belle ?

PONTIGNAN *reprenant avec impétuosité.*

Pardonez, si je la trouve telle !
Oui belle ! — Et si, peut-être, hélas ! pour mon mal-
heur,
Je ne vous avois pas conue,
Ses charmes, son esprit, dès la premiere vue,
Auroient triomphé de mon cœur !...—
Cette femme, moins absolue,
M'auroit traité, sans doute, avec plus de douceur ; —

Mais, à tel point, pour vous, mon ame eſt prévenue,
　　Qu'en l'obſervant, j'ai vû d'abord ,
　　Entre elle, & vous, quelque raport ;
C'eſt tout ce que j'ai vu ! — Des traits de reſſem-
　　blance ! —
　　　　　*Avec volubilité.*
Blancheur ! de belles mains ! la même contenance !
　　Même nobleſſe dans le port ;
　　Dans la taille , même élégance.
　　De la raiſon, ſans ſuffiſance ;
　　De l'eſprit, ſans aucun effort :
Et votre don de plaire , avec la même aiſance.
　　ANGÉLIQUE *de l'air de la ſatisfaction.*
　　Vous en parlez , avec tranſport.
PONTIGNAN *de l'air le plus tendre ; & le plus*
　　　　　　　　　　　　　　*paſſionné.*
　　Eh ! mais c'eſt qu'en vous parlant d'elle,
　　Je parle , en même tems , de vous. —
Si vous aviez , au bal , un eſpion fidele ,
Il a dû vous guérir de vos ſoupçons jaloux.
　　Il a dû vous peindre mon zéle ;
　　Et, de quel air , j'ai quitté cette belle ,
Pour courir, pour voler à notre rendez-vous !
ANGELIQUE *très-tendrement ; & très-vivement.*
Je le ſçavois ! — Mais, j'aime à vous voir ce cour-
　　roux !
Il m'eſt, de votre amour, un plus ſûr témoignage. —
Ces doux emportemens , vos yeux , votre viſage ,
　　Votre air tendre , & paſſionné,
Tous vos tranſports, pour moi, ſont un hommage —
Tout me prouve l'amour, que je vous ai donné :
　　　　*Otant ſon voile.*
　　Voïez moi donc, ſans tarder davantage !
　　　PONTIGNAN *pétrifié.*
　　　O ciel !

ANGÉLIQUE *en souriant.*
Vous êtes étonné !

PONTIGNAN *immobile encore ;  & s'animant*
*par degrés.*
Pétrifié !... — Ma voix s'ouvre à peine un paſſage ,
  Quoi ! c'eſt vous , que j'ai vue au bal ?...
 *Impétueuſement.*
  Frapé d'abord , de votre éclat extrême ;
Puis , ſoumis tout-à-coup , à l'empire ſuprême
  De ce mérite , ſans égal ,
Que je n'ai vu qu'en vous , dans vous ſeule , que
 j'aime ,
  Ah ! mon bonheur n'eſt donc plus idéal !
Je vous cherchois en vous , Madame , & c'eſt
vous-même !

ANGÉLIQUE *d'un air agréable , & tendre.*
  A préſent , de mon ſtratagême ,
  Me voulez-vous encor du mal ?

PONTIGNAN *avec vivacité.*
  Eh ! non , Madame ;— Mais , je brûle
De ſçavoir au plutôt , le nom de la beauté ,
Quel état ?..

ANGÉLIQUE *l'interrompant , d'un ton badin.*
  Ah ! ſouffrez qu'ici je capitule !... —
J'ai même rang que vous ; j'ai même qualité ;
Tout ſe trouve aſſorti :.. N'aïez aucun ſcrupule !..—
  Mais , permettez que je recule ,
Juſqu'à demain , cet éclairciſſement !

PONTIGNAN *très-impétueuſement.*
Mais , demain ? c'eſt un ſiecle !

ANGÉLIQUE *en riant.*
  Eh bien !... dans un moment ,
  Si vous étiez moins incrédule ,

Peut-être je pourois, par quelqu'enchantement ,
Vous abréger ce siecle , & cet arrangement ;
Mais , comme un esprit-fort... *Elle est inter-*
*rompue.*

## SCENE VI.

LÉONOR , ANGÉLIQUE, PONTIGNAN ,
LISETTE.

LISETTE *accourant ; & interrompant.*

Madame !... votre frere...
ANGÉLIQUE.
Vient-il ?
LISETTE.
Vous l'allez voir.
ANGÉLIQUE *à Pontignan.*
Suivez la promptement.
*Bas à Lisette.*
Lisette , avec quelque mystere ,
Fais le rentrer dans son apartement :
Et , tout aussi , mystérieusement ,
Tu le rameneras, quand on m'aura quittée.
*Pontignan se retire avec Lisette.*
LÉONOR.
En un clin d'œil , il va se retrouver chez lui.
Quoi qu'il en dise, il doit croire, aujourd'hui,
Que sa demeure est enchantée.

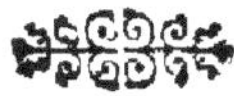

## SCENE VII.

### ANGÉLIQUE, LÉONOR, ALCIDOR.

### ALCIDOR.

Pourquoi donc, Pontignan, du bal, s'eft-il
enfui,
Ma fœur ?

ANGÉLIQUE *d'un air malin.*
Je n'en fçais rien ; — Mais il eft fort poffible
Qu'il ait eu quelque meffager,
De la part de fon invifible,
Qui veut ceffer de l'être ;... & qui veut l'engager.

ALCIDOR.
Fi donc ! cela n'eft pas plaufible !
Son goût pour cette Infante, eft un goût paffager...

LÉONOR *l'interrompant.*
             *à Angélique avec gaieté.*
Un goût paffé, plutôt ! — Au bal il vous a vue,
C'eft fait de lui ! — Le bonhomme, à préfent,
Eft confondu de voir fa liberté perdue.
Un feul de vos regards eft plus que fuffifant,
             Pour débufquer cette inconue ;
Eh ! vous l'épouferez !... Cela fera plaifant !

ALCIDOR *avec quelque gaieté auffi.*
Je le voudrois : j'en accepte l'augure.
Je crois votre prédiction. —
             *Se tournant vers Angélique.*
Eh ! Pontignan, ma fœur ?... — Comment, par
avanture,
Le trouvez-vous ?

ANGÉLIQUE *affez froidement.*
Mais, bien !

                LÉONOR

LÉONOR *reprenant très-vivement.*
Très-bien !... d'une figure
D'une grande diftinction.
Elle me l'a dit.
ALCIDOR *de l'air de la fatisfaction.*
Bon !
ANGÉLIQUE *à Léonor, d'un air enjoué.*
Mais, vous n'êtes pas sûre
Dans le comerce, au moins !— Quelle indifcrétion !
ALCIDOR *à Angélique.*
Dans ce cas, je vais, tout-à-l'heure,
Monter chez lui ; fçavoir quelle eft l'impreffion,
Qui, de vos charmes, lui demeure ;
Et mener cette affaire à la conclufion.

# S C E N E  V I I I.

## ANGÉLIQUE, LÉONOR.

### A N G É L I Q U E.

**M** A I S , je n'y penfe pas !— Je laiffe aller mon
frere ;
Il faut le ramener ici.
S'il parle à Pontignan, adieu tout le myftere ;
Tout feroit bientôt éclairci. —
Courons vite après lui, ma chere !
*Elles fortent enfemble.*

## SCENE IX.

SCAPIN *seul, entrant dans la chambre de son Maître, une chandelle allumée à la main ; & mourant de peur.*

Dans cette chambre, enfin, malgré moi, me
voici ! —
Toi, dont les doigt crochus vont me serrer peut-
être !
Attends, du moins, qu'ici mon Maitre
Vienne me rassurer le cœur ! —
Esprit ! ne me prends pas en traître :
Quand je suis battu seul, j'ai cent fois plus de
peur ! —
*Sa fraîeur redouble.*
Que vois je !... une noire vapeur !...
C'est un fantôme !.. c'est mon diable ! —
*La fraîeur lui fait éteindre sa lumiere.*
Ciel ! ma lumiere !.. Il vient de la souffler!...
Que deviendrai-je?... Ah ! misérable !
C'est fait de moi ! l'esprit va m'étrangler !

## SCENE X.

PONTIGNAN , LISETTE , SCAPIN.

*Lisette reste à l'entrée de la cloison , par la-
quelle elle se retire , après avoir parlé à Pontignan.*

### LISETTE.

Ici , vous n'avez qu'à m'attendre !
#### PONTIGNAN.
En ce lieu, vous reviendrez donc ?

LISETTE *rentrant par la cloison.*

Dans l'inftant, je viens vous reprendre.

PONTIGNAN *rencontrant Scapin ; & mettant l'épée à la main.*

Une main m'a touché !... qu'eft-ce ?.. où m'a-mene-t-on ?

SCAPIN *touchant l'épée de Pontignan.*

Ah ! ciel ! qui poura me défendre !

C'eft bien pis qu'une griffe !.. une épée !... Ah ! pardon !

*Criant, & apellant.*

Mon Maître!..— Ce chien là me laiffe à l'abandon !

PONTIGNAN.

Qui va là ?

SCAPIN *avec l'excès de la fraïeur.*

Le Valet d'un Maître déteftable ;

Qui me fait garder le mulet,

Pendant le rendez-vous, que lui donne le diable.

PONTIGNAN.

C'eft toi, Scapin ?

SCAPIN.

Oui ! c'eft votre Valet ;

Venez-vous du fabat, par les airs ?

PONTIGNAN.

Miférable !

SCAPIN.

Monté fur un manche à balai ?

PONTIGNAN.

Où fommes-nous ?

SCAPIN.

Dans votre chambre.

PONTIGNAN.

Traître !

Tu plaifantes encor ?

#### SCAPIN.

Non pas, affurément !
Eh ! mais, où croïez-vous donc être ?
C'eft ici votre apartement.

#### PONTIGNAN.

Ici ?... cela n'eft pas poffible !
Depuis le tems, que l'on m'a pris ,...
Dans une voiture pénible,
Pendant une heure, & plus, j'ai roulé dans Paris ?

#### SCAPIN.

Oh ! quoi qu'il en foit, les efprits
Vous ont remis chez vous, dans leur voiture hor-
rible.

#### PONTIGNAN.

Je n'en crois rien !... je fuis chez Alcidor ?

#### SCAPIN.

Eh ! oui, Monfieur !

#### PONTIGNAN.

Cela ne peut pas être !

#### SCAPIN.

Vous trouverez le coridor,
En fortant ,... après la fenêtre . . .

#### PONTIGNAN.

Je ne fçaurois le croire, encor :
Voïons les lieux moi-même; allons les reconaître!
La peur te trouble ;.. ou, tu n'es qu'un butor!
Affurons-nous-en par moi-même.

Il fort.

# SCENE XI.

SCAPIN, LISETTE *venant sans lumiere.*

LISETTE *apellant.*

St ! Monsieur !

SCAPIN.

O ciel !

LISETTE *apellant encor.*
St !

SCAPIN.

Ma fraïeur est extrême !
J'entends l'esprit !

LISETTE *prenant Scapin sous le bras.*
Allons !

SCAPIN.

Aller, sans sçavoir où ?

LISETTE.

Venez !

SCAPIN.

Si je résiste, il me tordra le cou.

# SCENE XII.

PONTIGNAN *seul.*

Scapin, tu m'as dit vrai !... — Je vois leur strata-
gême !...
J'y suis, sans doute :...— Il se pourait ,...
Il est certain , ... que le coquin , adroit ,
Qui me menoit dans sa voiture ,
Aura fait cent détours, pendant la nuit obscure,

Pour me remettre au même endroit. —
Et voilà , par quelle avanture ,
Je me retrouve enfin , chez moi.
Scapin !... où donc , est-il ?— Il sera mort d'effroi !

## SCENE XIII.

PONTIGNAN , ALCIDOR *précédé d'un Laquais qui porte un flambeau , qu'il met sur la
table.*

### ALCIDOR.

Comment ! tout seul, & sans lumiere ?
Qui diable l'auroit deviné ?
PONTIGNAN *d'un air de trouble , & d'em-
baras.*

C'est une chose ,... singuliere ;...
S'étant éteinte ,... j'ai sonné
Scapin, qui... ne vient point...
ALCIDOR *l'interrompant.*
A votre air étonné ,
J'ai peur que quelqu'autre matiere...
Qu'avez-vous ?
### PONTIGNAN.
*à part.*
Je n'ai rien !— Où l'a-t-on emmené ?
### ALCIDOR.
Vous rêvez !— Mais, pour vous distraire,
Parlons de la Dame du bal :—
Comment la trouvez-vous ?— pas mal ?
PONTIGNAN *vivement ; & d'un air doux & poli.*
Pas mal ? — L'expression ne peut me satisfaire ! —
Ce *pas mal* ne rend point, ( soit dit sans vous dé-
plaire , )

L'impreſſion, & tendre, & forte, que doit faire
Un objet, qui n'a point d'égal.
ALCIDOR *avec gaieté.*
Quoi ! l'aimez-vous déjà ?
PONTIGNAN *très-vivement.*
Je fais plus : je l'adore !
Sur ſes parents, avez vous du crédit ?
ALCIDOR.
Beaucoup !
PONTIGNAN *avec impétuoſité.*
Ah ! ce crédit ! mon ami, je l'implore,
Pour obtenir ſa main !
ALCIDOR *d'un air très-étonné.*
Quoi ! déjà tout eſt dit ?..—
Déjà ?...— Je le répéte encore
Votre prompt changement m'étonne, & m'é-
tourdit.
PONTIGNAN.
Quel changement ?
ALCIDOR.
Quoi ! votre avanturiere,
Mon cher ami, vous la plantez donc là !
Vous la quittez, de la maniere,
Dont on quitte ces femmes là :
C'eſt fort bien fait ! — J'avois prédit cela !
PONTIGNAN *très-vivement.*
Mais, vous tombez dans une erreur groſſiere:
Je ne la quitte point.
ALCIDOR.
Quel galimatias !
PONTIGNAN.
Non: la choſe eſt bien entendue.
La Dame, qui, partout faiſoit ſuivre mes pas ,...
Oui ! la Dame du bal, & ma belle inconue,
C'eſt la même perſonne !

### ALCIDOR.

Ah ! ne le croïez pas !

### PONTIGNAN *très vivement.*

Eh ! mais, dans fa maifon, moi-même je l'ai vue !
C'eft pour l'aller trouver, qu'on m'a tiré du bal.
Je l'ai, pendant une heure au moins, entretenue !—
Et, fans un importun, fans quelqu'original,
Qui, chez elle, eft venu troubler notre entrevue,
J'y ferois encor !

### ALCIDOR *d'un air troublé.*

Vous ?.. ma raifon confondue,..—
A mon étonnement, rien ne peut être égal.

### PONTIGNAN.

Oh ! parbleu ! le mien n'eft pas moindre :
Je n'entends pas, comment, je me retrouve ici !

### ALCIDOR.

Venez ! & fur ce fait, fur l'inconue auffi,
La perfonne, que je vais joindre,
Me rendra bientôt éclairci.

*Il apelle ; & fe fait éclairer par un Valet.*

Hola quelqu'un ! prenez ceci.

*Ils fortent.*

---

## SCENE XIV.

LISETTE , SCAPIN , *dans la chambre d'An-*
*gélique.*

### LISETTE *y conduifant Scapin.*

Reste ici, fonge à te foumettre
A mes ordres ; ou tu péris.
Par deux efprits, bientôt je te ferai remettre
Au même endroit où je t'ai pris.

SCAPIN *avec la derniere fraïeur.*
Par deux efprits encor ?
### LISETTE.
Oui, viens ; & t'aguerris.
Ecoute, mon ami : je veux bien te permettre,
Dans ce moment-ci , de me voir.
Regarde-moi !
SCAPIN *tout tremblant fans regarder.*
Je voudrois le pouvoir ;
Mais , j'ai perdu l'ufage de la vue.
### LISETTE.
Retourne-toi.
### SCAPIN.
Je ne puis me mouvoir :
Je fuis pétrifié : je fuis une ftatue ,
Sans pieds, fans bras, fans mains ; & la crainte me
tue !
### LISETTE.
Voudrois-tu te donner à moi ?
SCAPIN *reculant d'horreur.*
Me donner à toi ! Dieu m'en garde !
Jufte ciel ! me donner à toi ?
### LISETTE.
Je ne fuis point laide , regarde ;
*Le tiraillant.*
Je veux que tu me voïes ! voi !
Je te prends fous ma fauve-garde.
L'on frape ! Eh ! quoi fi tard ?... qui viendroit-on
chercher ?
### SCAPIN.
Des efprits, la bande eft lâchée ;
C'eft leur grand diable ! où m'irai-je cacher ?
Voici ma figure nichée. *Il fe fourre*
*fous un rideau.*

## SCENE XV.

ALCIDOR, PONTIGNAN, LISETTE,
SCAPIN *caché*.

ALCIDOR *en dehors*.

Mais, veut-on bien se dépêcher?
LISETTE.

Qui frape?

ALCIDOR.
*En entrant.*
Ouvre!— Ma sœur n'est pas encor couchée?
LISETTE *en s'en allant.*
Non, je cours l'avertir.
ALCIDOR *à Pontignan, en s'en allant aussi.*
Vous m'attendrez ici.

## SCENE XVI.

PONTIGNAN, SCAPIN *encore caché.*

PONTIGNAN.

Il m'amene, & s'en va: — que veut dire ceci?
Ce qui m'arrive est incroïable!—
*Apercevant Scapin caché.*
Eh! c'est Scapin! qui t'a mis là?
SCAPIN.

Le diable.

PONTIGNAN.
Eh quoi le diable?
SCAPIN *sortant de sa niche.*
Oui, lui-même, le diable.

Je le crois voir partout !..Ah! Monsieur, le voilà !..—
    J'ai fait un chemin effroïable ;
    Et j'ai couru, de-çà , de-là ! —
C'étoit, je penfe, en l'air !—Apréhendant la chûte,
    Et de tomber d'un peu trop haut ;
    Pour éviter la culebute ,
J'ai fuivi, fans mot dire ; & fans nulle difpute ,
Le lutin ,... qui me mene au fabat, d'un plein faut!
    Il y fait beau ; mais, il y fait bien chaud.
    PONTIGNAN *avec beaucoup d'impatience.*
Oh ! tais-toi ! ta fotife , à la fin me rebute ! —
     *Il examine l'apartement.*
    Mais , en dois-je croire mes yeux ?..
    Oui !... je fuis dans les mêmes lieux ! ...
C'eft ici , qu'on m'a fait entrer !
     S C A P I N.
          Mais , la fortie
Eft-elle aifée ?
    PONTIGNAN *à part , d'un air penfif.*
     Oui , je vois un peu mieux...
    Enfin , je découvre en partie ,
Ce qui femble pouvoir confondre ma raifon !...
Sur ce fondement-ci , leur intrigue eft bâtie :
La Dame que j'ai vue , eft de cette maifon !
    SCAPIN *très-vivement.*
Croïez-moi : la maifon, la Dame, vous, & l'Hôte,
Et tout ce qui leur tient, par quelque liaifon ,
Vous irez tous au diable !.. & ce n'eft pas ma faute!
    Moi, fi j'y vais, ce fera malgré moi ;
Et vous en porterez le péché !
    PONTIGNAN *très-brufquement.*
       Paix ! tais-toi !
     S C A P I N.
Mais, que vois-je ? Alcidor , avec nos deux for-
cieres!

# SCENE XVII.

ANGÉLIQUE, LÉONOR, PONTIGNAN, ALCIDOR, LISETTE, SCAPIN.

PONTIGNAN *vivement à Angélique.*

MADAME, eſt-ce vous que je vois ?
Eh ! venez-vous ici nous donner des lumieres ?
Nous dire votre nom. . .

ALCIDOR *l'interrompant, d'un ton badin.*
Vous aprendrez de moi,
Les noms de ces avanturieres.
L'une eſt ma ſœur ; — vous recevrez ſa foi....

PONTIGNAN *baiſant la main d'Angélique,*
*avec tranſport.*

Madame !

## ANGÉLIQUE.
Ah ! Pontignan !

## SCAPIN.
Quel chien de ſtratagême !..
Faire le diable ?

PONTIGNAN *embraſſant Alcidor avec l'ivreſſe*
*de la joïe.*
Ah ! mon cher Alcidor !...
Je ne me connois plus ; ... mon bonheur eſt extrême !

## ALCIDOR.
Conoiſſez, du moins, Léonor !

*Pontignan fait politeſſe à Léonor.*
Oronte va l'unir à Saint Alban, qu'elle aime.

LISETTE *a Scapin.*
Craindras tu les eſprits encor ?

**S C A P I N.**

Non : mais qui me rendra mon argent ?

LISETTE *le lui remettant dans une bourſe.*

C'eſt moi-même !

Va, mange mes anis ! voilà ton or, benais !

ANGÉLIQUE *qui n'a point ceſſé de parler avec action à Pontignan, le mene à la fauſſe porte.*

J'entrois, chez vous, par cette fauſſe porte !

PONTIGNAN, *après avoir examiné la porte.*

Jamais, l'on n'auroit pû la deviner !... jamais !...

Pour l'eſpion, qui vous raporte
Ce que je dis, ce que je fais,
J'ai ſoupçoné,...

# S C E N E   XVIII & derniere.

ANGÉLIQUE, LÉONOR, PONTIGNAN,
ALCIDOR, LISETTE, SCAPIN.

LA FORÊT *entrant à la fin de la Scène précédente ; & interrompant.*

Qui, Monſié ? fotre Anklais ?

**P O N T I G N A N.**

Juſtement !

LA FORÊT *parlant de ſon ton naturel.*

Oui, Monſieur ! il parle bon françois !
En maſque, au bal il eſt venu vous prendre ! —

*Reprenant ſon baragouin.*

Eh ! par un pauſtillon, qui l'eſt bien ententu,
Et que l'on pelle ici, *le petit Alexandre,*
Dans Paaris il fous a pertu,
*Parlant bon français.*
Pour revenir, ici vous rendre.

## ALCIDOR.

Rentrons ! vous conterez, chez moi, par le menu,
Des détails, que je veux entendre.

*Ils se retirent.*

## SCAPIN *aux Spectateurs.*

Meffieurs, ceci vient de m'aprendre,
Que tel, qui par fes yeux, fe croit bien convaincu ;
Tel, qui penfe avoir vu le diable, n'a rien vu.

## F I N.

## *APPROBATION.*

J'AI lû par Ordre de Monfieur le Lieutenant-Général de
Police, l'*Efprit Follet*, ou, *la Dame invifible*, Comédie en cinq Actes, & mife en Vers libres par M. Collé ;
& je crois qu'on en peut permettre la repréfentation &
l'impreffion. A Paris ce 4 Janvier 1770. *M A R I N.*

*Vu l'Approbation, permi de repréfenter, ce* 8 *Janv.* 1770.

## *DE SARTINE.*

## PRIVILÉGE DU ROI.

LOUIS, par la grace de Dieu, Roi de France &
de Navarre : A nos amés & féaux Confeillers,
les Gens tenant nos Cours de Parlement, Maîtres des
Requêtes ordinaires de notre Hôtel, Grand-Confeil,
Prévôt de Paris, Baillifs, Sénéchaux, leurs Lieute-
nans-Civils, & autres nos Jufticiers qu'il appartiendra ;
SALUT : Notre amé le fieur COLLE', Nous a fait expofer qu'il défireroit faire imprimer & donner au Public
l'*Efprit Follet*, ou *la Dame invifible* & *le Menteur*, Comédies refondues, & mifes en Vers libres, s'il Nous plaifoit
lui accorder nos Lettres de Privilege pour ce néceffaires.
A CES CAUSES, voulant favorablement traiter l'Expofant,

Nous lui avons permis & permettons par ces Préfentes de faire imprimer ledit Ouvrage autant de fois
que bon lui femblera, de le vendre, faire vendre &
débiter par tout notre Royaume pendant le tems de *fix
années* confécutives, à compter du jour de la date des
Préfentes : Faifons défenfes à tous Imprimeurs, Libraires, & autres perfonnes de quelque qualité & condition qu'elles foient, d'en introduire d'impreffion
étrangere dans aucun lieu de notre obéiffance : comme
auffi d'imprimer, ou faire imprimer, vendre, faire
vendre, débiter ni contrefaire ledit Ouvrage, ni d'en faire
aucun Extrait, fous quelque prétexte que ce puiffe
être, fans la permiffion expreffe & par écrit dudit
Expofant ou de ceux qui auront droit de lui, à peine de
confifcation des Exemplaires contrefaits, de trois mille
livres d'amende contre chacun des Contrevenans, dont
un tiers à Nous, un tiers à l'Hôtel-Dieu de Paris, &
l'autre tiers audit Expofant, ou à celui qui aura droit
de lui, & de tous dépens, dommages & intérêts. A
la charge que ces Préfentes feront enregiftrées tout au
long fur le regiftre de la Communauté des Imprimeurs
& Libraires de Paris, dans trois mois de la date d'icelles ; que l'impreffion dudit Ouvrage fera faite dans
notre Royaume, & non ailleurs, en bon papier &
beaux caracteres, conformément aux Réglemens de la
Librairie, & notamment à celui du 10 Avril 1725 ; à
peine de déchéance du préfent Privilege ; qu'avant de
l'expofer en vente, le Manufcrit qui aura fervi de
copie à l'impreffion dudit Ouvrage, fera remis dans le
même état où l'Approbation y aura été donnée, ès
mains de notre très-cher & féal Chevalier-Chancelier
Garde des-Sceaux de France, le Sieur DE MEAUPEOU,
qu'il en fera enfuite remis deux exemplaires dans notre
Bibliothèque publique, un dans celle de notre Château
du Louvre, & un dans celle dudit Sieur DE
MEAUPEOU : le tout à peine de nullité des Préfen-
es : Du contenu defquelles vous mandons & enjoi-
gnons de faire jouir ledit Expofant & fes ayant caufes,
pleinement & paifiblement, fans fouffrir qu'il leur foit
fait aucun trouble ou empêchement. Voulons que la
copie des Préfentes, qui fera imprimée tout au long
au commencement ou à la fin dudit Ouvrage, foit tenue pour duement fignifiée, & qu'aux copies collation-
nées par l'un de nos amés & féaux Confeillers Sécretai-

112

res , foi foit ajoutée comme à l'original. Commandons
au premier notre Huiflier ou Sergent fur ce requis,
de faire pour l'exécution d'icelles tous actes requis &
néceffaires, fans demander autre permiffion , & non-
obftant clameur de Haro , Charte Normande , & Lettres à ce contraires : CAR tel eft notre plaifir. DONNÉ
à Paris le Mercredi vingt-quatrieme jour du mois de
Janvier l'an de grace mil fept cent foixante-dix, & de
notre Regne le cinquante-cinquiéme.

*Par le Roi en fon Confeil.* **LE BEGUE.**

*Regiftré fur le Regiftre XVIII. de la Chambre Royale &*
*Syndicale des Libraires & Imprimeurs de Paris, N°.*
*1023 fol. 120. conformément au Reglement de 1723. qui fait*
*défenfe Art. IV a* toutes perfonnes de quelque qualité & conditions qu'elles foient , autres que les Libraires & Imprimeurs , de vendre , débiter & faire afficher aucuns Livres
pour les vendre en leurs noms, foit qu'ils s'en difent les
Auteurs ou autrement , *& à la charge de fournir à ladite*
*Chambre Royale & Syndicale des Libraires & Imprimeurs*
*de Paris, neuf exemplaires prefcrits par l'Art. 108 du*
*même Réglement. A Paris le 13 Fév. 1770.*

*Signé* BRIASSON, Syndic.